JN093765

クセノポン

ソクラテス言行録 2

西洋古典叢書

凡例

一、本書邦訳は「ソクラテス言行録」としてクセノポンによるソクラテス関連の四著作を二分冊に纏め、「ソクラテス言行録2」には「家政管理論」「酒宴」「ソクラテスの弁明」を収める。

二、本書の訳出にあたっては、*Xenophontis Opera Omnia* t. II: *Commentarii, Oeconomicus, Convivium, Apologia Socratis*, ed. E. C. Marchant（Oxford Classical Texts, 1921）所収のテクストを底本としたが、

『家政管理論』については Pomeroy, S. B., *Xenophon: Oeconomicus*（Oxford, 1994）

『酒宴』については Bowen, A. J., *Xenophon: Symposium*（Warminster, 1998）

『ソクラテスの弁明』については Macleod, M. D., *Xenophon: Apology and Memorabilia Book I*（Oxford, 2015）

のものを併用した（これらのテクストはいずれも Marchant〔OCT〕に準拠しつつ改訂を加えている）。

また Marchant, E. C. & Todd, O. J., *Xenophon IV: Memorabilia, Oeconomicus, Symposium and Apology*（Loeb Classical Library: Cambridge / Mass., 1923）をも併せ参照した。註解でのテクストへの言及において、Marchant〔OCT〕, Marchant〔Loeb〕, Pomeroy, Bowen, Macleod とある場合、これらの版を指している。なお、Marchant〔OCT〕冒頭頁の ADDENDA ET CORRIGENDA は、訳文中に反映させてある。

三、会話の途中に「と彼は言った」のような、同一人の発言がなお継続中であることを示す語句が重複的に挿入されていることが多いが（原文では当該箇所の話者が紛れないようにするために必要）、邦訳では煩瑣な場合が多く、適宜（　）に括り入れておいた。

四、『家政管理論』『ソクラテスの弁明』には会話中における別の会話、さらにその中での会話という構造になっている箇所が多いが、了解可能と思われる範囲で煩瑣を避け、「　」と『　』のみで訳出した。

五、ギリシア語をカタカナ表記するにあたっては、

(1) φ, θ, χ と π, τ, κ を区別しない。

(2) 固有名詞は原則として音引きを省いたが、慣用化したものについては表記した場合もある。

(3) 地名は慣用に従って表示した場合がある。

六、訳文中の所定箇所に付された中ゴシック体の漢数字（各章ごとに一から始まる）は、慣用的な節番号である。参照箇所の指示などは、巻・章・節の番号による。

七、訳文中『　』は著作名を表わす。「　」は引用語句や発言部分のほか、術語的な用語を明示するためにも用いられている。また［　］は補訳あるいは説明的な言い換えのほか、底本においてテクスト削除が示唆されている若干箇所を示すのに用い（その場合は註記されている）、（　）は、原文中に用いられた場合のほかは、原語表示を示す。

目　次

内容目次

家政管理論

酒　宴

ソクラテスの弁明

ソクラテス言行録 2

内山勝利 訳

家政管理論

第一章

一　あるときソクラテスが家政管理〔1〕について話し合っているのをも聞いた〔2〕。それはこんな風だった。

「ねえ、言ってみてくれないかね、クリトブウロスよ〔3〕」と彼は言った、「家政管理というのは、何か一つの専門知識の名前なのだろうか、ちょうど医術や鍛冶の技術や建築の技術がそうであるのと同じようにね」。

「わたしにはそう思われますが」とクリトブウロスは言った。

二「いま言ったいろんな技術の場合には、それぞれの仕事が何であるかをわれわれは言うことができようが、それと同じように家政管理についてもそれの仕事が何であるかを言えるものかね」。

「ともかく思うに」とクリトブウロスは言った、「自分の家産をきちんと管理すること、それがすぐれた家政管理者の仕事ですね」。

三「では、他人の家産でも」とソクラテスは言った、「もしだれかがその人に委託しようとする場合に、彼がその気になっても、自分の家財を管理するような具合に、きちんと管理することができないのだろうか。というのも、腕の立つ建築家であれば、自分のためにするのとまったく同じように、他の人のためにも仕事をなし遂げるだろうし、家政管理者にしてもやはり同様だろうからね」。

「わたしにはそう思われますとも、ソクラテスさん」。

四 「となれば」とソクラテスは言った、「その技術を心得た者は、たとえ本人には財産がなくても、他人の家産を管理することで、ちょうど人に家を建ててやる場合と同じように、報酬を得ることができるのかね」。

「そうですとも、ゼウスにかけて(4)、きっと多くの報酬を」とクリトブウロスは言った、「得ることでしょう

---

(1) 本作品のタイトル「オイコノミコス」を『家政管理論』とし、扱われている事柄としての「オイコノミアー」を「家政管理」と訳す。これについては「解説」二二八―二三〇頁参照。

(2) この冒頭の一文には承前的な要素が含まれており、古来『ソクラテス言行録』との繋がりが指摘されている。「解説」二三一―二三二頁参照。またクセノポンはこの対話の場に居合わせた(「聞いた」)と言っているが、それはこの著者がしばしば取り入れるフィクションにすぎず、実際には不可能なことであった。言及されている史実に従えば設定年代は前四〇一年からソクラテスの死(前三九九年)のあいだで、その時期には明らかに彼はアテナイを離れ小アジアで傭兵として行動中であったし、著作の実質に即してみれば、彼の幼少期にまで遡る(「解説」二三五頁参照)。

(3) ソクラテスの生涯の友人だったクリトンの息子。裕福な家系の美青年で、クセノポンのソクラテス関係著作ではアテナイの典型的な若者として登場場面が多い。『ソクラテス言行録』第一巻第三章八参照。

(4)「ゼウスにかけて(νὴ Δί')」は、「ゼウスに誓って(μὰ Δί')」「神々のおん前に誓って(πρὸς θεῶν)」などとともに、話者の強い肯定・否定の意思を表わす常套表現で、クセノポンのソクラテス関連著作にはとくに頻出する。やや冗長ながら、あえてその都度訳出しておく。

よ、もし家産を手渡してもらって、出費しなければならないものには出費するとともに余剰を生み出し、その家産を殖やすことができるとあれば、ですね(1)」。

五　「ところでさて、家産とは何だとわれわれは思っているのだろう。それはまさに家そのものにほかならないのか、それとも人が家の外《そと》に所有しているあれこれのもの、それらすべてもまた家産なのだろうか」。

「少なくともわたしに思われるところでは」とクリトブウロスは言った、「たとえ所有者の住まっているところとは違う国（ポリス）にあったとしても、人が所有しているかぎりのものは、すべて家産のうちに入るのです」。

六　「ところで、ある人たちは敵対者をも持っているのではいないかね」。

「そうですとも、ゼウスにかけて、人によっては多数の敵対者を持っていさえするのです」。

「われわれは、その敵対者たちをも彼らの財産だと言うのかね」。

「いえいえ、嗤うべきことですよ」とクリトブウロスは言った、「もしも敵対者たちの数を増やして、その上しかもそれに対する報酬を得るというようなことになるとすれば、です」。

七　「そんなことを言うのもね、われわれに思われたところでは、人の所有物それがすなわち家産だったからだよ」。

「いえ、ゼウスにかけて」とクリトブウロスは言った、「人が所有している善きものが家産なのです。ゼウスに誓って、もし何か悪しきものであれば、そんなものをわたしは所有物とは認めませんよ」。

「どうやら君はそれぞれの人に有益なものを所有物と呼ぶのだね」。

「まさにそのとおりです」と彼は言った、「そして害をなすもののほうは財物どころかむしろ損害物と見なすのです」。

八　「すると、では、ある人が馬を買ったのにその扱い方の心得がなく、落馬して酷い目に遭ったとしたら、その馬は彼の財物ではないわけだね」。

「はい、財物とは善きものであるからには、そういうことになります」。

「すると、土地であっても、そこで作業をして、その作業のあげくに損害をこうむるのであれば、財物ではないわけだね」。

「そうですとも、土地であってもわれわれを豊かにするのではなく飢えをもたらすのであれば、財物にはなりません」。

九　「では羊たちについても同様ではないかね。人が羊の扱い方を心得ていないために損害をこうむるようなことになれば、羊たちもまたその人の財物ではないのだろうね」。

「財物ではないとわたしには思われます」。

「すると君は、どうやら、益をもたらすものを財物と考え、害をもたらすものは財物とは考えないわけだ」。

「そのとおりです」。

（1）富裕者はしばしば家産や農園の管理を有能な召使いないし奴隷に委任していたが、ソクラテスはここでそれが自由人の専門職業たりうるものであることを示唆している。

一〇 「すると、同じものでも、それらそれぞれのものの扱い方を心得ている人には財物となるが、心得のない人には財物とはならないのだ。たとえば笛にしても、しかるべく笛を吹く心得のある人には財物となるが、心得のない人には無用の石ころ同然でしかないのだよ」。

「それを売り渡しでもしないかぎりは、そうですね(1)」。

一一 「今度はわれわれにこんな具合に思われそうだ。――笛を吹く心得のない人には、それを売り渡す場合には財物となるが、売ろうとせずに所有している場合にはそうではない、とね」。

「有益なものが財物だと言われていたのですから、まさにわれわれの議論は首尾一貫しているわけです。売りに出さなければ、笛は財物とはならないのですし、つまり、何の役にも立たないのですから。売りに出してこそ財物となるのです」。

一二 それに対してソクラテスはこう言った、「ただし、その人が売るすべを心得ていれば、の話だがね。さらにまた、売るにしたところで、それと引き替えにしたものの扱い方を心得ていないとすれば、君の論に従うかぎり、その売り物はなお財物ではないことになる」。

「あなたはどうやら、ソクラテスさん、金銭でさえ、それの扱い方を心得ていなければ、財物とはならないとおっしゃっているらしい」。

一三 「わたしは、君もまた同意してくれるものと思うよ。つまり、人がそれによって益を得ることのできるもの、それが財物である、ということにね。実際、もし人がその金銭を使って、たとえば娼妓(2)を買って、そのために身体を悪くし、魂も悪くするようなことになったならば、どうしてそれでもなお金銭が彼にとって有益でありえようか」。

「断じてありえませんとも。もしもわれわれが、ヒヨスという名の植物[3]、それを食べると狂気に陥る植物すらも財物と呼ぶのであれば別ですが」。

一四「では、金銭は、それの使い方の心得がない人は、遠くに押しやっておくようにさせ、クリトブウロスよ、それは財物などではないものとしよう。それに対して、親しい友人たちというのは、もし彼らとのつき合い方を心得ていて彼らから益を得ることができるとすれば、われわれは彼らをどのような存在だと言ったものだろうか」。

「ゼウスにかけて、まさに財物ですよ」とクリトブウロスは言った、「しかも牛たちよりももっと有益であるからには、その牛たちよりもはるかにいっそう財物なのです」。

一五「すると、敵対者たちもまた、君の論に従うかぎりは、その敵対者たちから益を得ることのできる人にとっては、財物なのだ」。

---

(1) 底本の Pomeroy (Thalheim) に従いこの一行をクリトブウロスの発言とする。

(2) 娼妓 (*ἑταίρα* ヘタイラー) はすぐれた教養をも備え、男たちと機知に富んだ交際ができた、いわば高級娼婦で、一般的な売娼婦 (*πόρνη* ポルネー) と区別される。クセノポン作品にはペリクレスの愛人だったアスパシア (第二章一四、『ソクラテス言行録』第二巻第六章三六)、アルキビアデスと親しかったテオドテ (『ソクラテス言行録』第三巻第十一章一以下) の名が見える。

(3) ナス科の植物 (学名 *hyoscyamus niger L.*) で、強い毒性があり、これを摂取すると、幻覚、情動不安などの向精神作用、痙攣、嘔吐などの症状を引き起こす。

「なるほど、わたしにはそう思われます」。

「すると、敵対者たちとのつき合い方にも心得があり、敵対者たちから益を得られるようにすることは、善き家政管理者のありようなのだ」。

「断固として、そのとおりです」。

「それというのも、君も現に目にしているように」とソクラテスは言った、「クリトブウロスよ、どれほど多くの家産が、個々人のものであれ独裁僭主[1]のものであれ、戦争のおかげで肥大化していることだろうか」。

一六 「いや、なるほど、言われていることは正しいとわたしには思われますが、ソクラテスさん」とクリトブウロスは言った、「しかし、ああしたことはわれわれにどう思われるのでしょうか。——つまり、われわれは、ある人たちが知識も備えもあって、それを元にして活動すれば家産を殖やすことができるのを目にすることがあるのに、見ていると、彼らはそれをしようという気にならず、そのために持っている知識も彼らに何ら裨益することがないのを目にするような場合のことですが。彼らの持っている知識も所有物も財物ではありえないということに他ならないのでしょうか」。

一七 「ねえ、奴隷たちについて」とソクラテスは言った、「君は議論を交わそうとでもいうのかね、クリトブウロスよ」

「いいえ、ゼウスに誓って、そうではありません」と彼は言った、「そうではなくて、とても立派な家柄に属すると思われている人たちで、中には戦時に役立つ心得を有する者も、平時に役立つ心得を有する者もいるのを目にするのに、彼らはその心得を活用しようという気にならずにいるのですが、わたしの思うに、それは彼らには主人たるべき人がいないからこそなのです」。
一八 「どうしてまた」とソクラテスは言った、「彼らが主人を持っていないことになるのかね、もしも幸福であることを願い、事をなしてそこから善きものを得ようと思っているのに、ところがそうすることを彼らの支配者たちから差し止められているというのに」。
「しかし、その支配者たちというのは一体誰なのですか」とクリトブウロスは言った、「目には見えない存在でありながら、彼らを支配している者たちというのは」。
一九 「いや、ゼウスに誓って」とソクラテスは言った、「目に見えないどころか、はっきりと目に見える者たちなのだよ。しかもそれらがきわめて悪辣であることは、君にも気づかれないわけがないさ、君が怠惰や無気力さや怠慢を悪徳だと考える以上はね。二〇 また他にも快楽のふりをして人を誑《たぶら》かす女主人のようなもの[2]もあって、たとえばサイコロ賭博[3]とか、人びととの無益なつき合いとかがそうなのだが、時が経つに

(1) 独裁僭主（τύραννος テュランノス）は前七世紀から六世紀に古来の貴族政体がポリスにおいて特定の有力者が支配の座について政情の安定を図ったのが起源で、ギリシア各地に登場した。すぐれた政治支配を行なった者もいたが、多くは恣意的な権力の濫用に陥りがちで、民主政的な立場からは最も忌避さるべき存在であった（『ソクラテス言行録』第一巻第二章四四参照）。

(2) 「女主人」と言われているのは、ここに列挙されている悪徳が女性名詞だからである。

(3) サイコロ遊び（κυβεία キュベイアー）は、立方体のサイコロ（κύβοι キュボイ）を投げて行なわれるもので、ギリシア人のあいだでは子供の遊戯あるいは賭博として普通に行なわれていた。サイコロは木材、象牙、動物の角などで作られていた。

つれて、誑かされきっていた者たち自身にも、それらが実は苦痛であったのに、快楽であるかのように装い、そうして思いどおりに操って、彼らが有益な仕事に携わることを妨げているということが明々白々になるのだよ」。

二一「しかし他にも」とクリトブウロスは言った、「ソクラテスさん、そういった物事に仕事を妨げられない人たちもいて、彼らは仕事に取り組み、収入を得ることにはまことに熱心なのに、それでもしかし、家産をすり減らしどうしようもない状態に陥っていますよ」。

二二「そういう連中もまた奴隷だからだよ」とソクラテスは言った、「それもまことに過酷な主人[1]のね。ある者たちは食い意地の、ある者たちは淫蕩の、ある者たちは飲酒酩酊の、またある者たちは愚かで出費のかさむ名誉欲のようなものの奴隷になっていて、そうした主人たちは抑圧している人びとを過酷な仕方で支配すると、その人たちがまだ若さの盛りにあって、仕事をする能力があると見てとるや、当人たちが働いただけの成果を無理矢理貢がすようにさせ、彼ら自身の欲望のために費やすようにさせるし、やがて彼らが老齢のために働く能力を失っているのを察知すると、そういう者たちが惨めに年老いていくがままに放置して、今度は他の人たちを奴隷としてこき使おうとするのだよ。二三　いや、クリトブウロスよ、自由を守るために、こうした事態に対しては、むしろ武器を手にして隷属化しようとしてくる者たちに対する以上に徹底して戦いつづけなければならない。戦争での敵対者の場合には、彼らが《立派ですぐれた人たち》であれば、ある者たちを隷属化しても、その多くを矯正教化してより善き者たらしめ、以後の時をより安寧に生きていけるようにしてやるものだ。ところが、あのような女主人たちとなると、人びとの身体を痛めつけるとともに、魂をも痛めつけ、さらには彼らの家産をも痛めつけつづけることを、彼らを支配しているあいだ中ずっと止《や》めようとしないのだ」。

第二章

一　すると、クリトブウロスはそれを聞いて、ほぼこんな風に言った、「しかし、そういったことについて聞いておくべきは、あなたのおっしゃることでもう十二分だとわたしは思います。わたし自身が自らを調べてみて分かるのですが、自分にはその類《たぐい》のものは克服できているものと思われます。ですから、もし、どんなことをして家産を殖やすべきかを、わたしに忠言してくださるとしても、あなたが女主人と呼んでいるそれらのものに妨げられることは、このわたしにはなかろうと思われます。さあ、心置きなくあなたがお持ちの善きお考えを忠言してください。――それともあなたは、ソクラテスさん、われわれがもう十分に裕福であって、したがってもうこれ以上の財産を必要とはしないとでも断定されているのでしょうか」。

二　「そう、わたしならね」とソクラテスは言った、「もし君がわたしについても言っているのなら、わた

(1) ここには男性形の δεσποτῶν（主人）が使われているが、以下に列挙されている悪徳も女性名詞形であり、本章および次章を通じて基本的に δέσποινα（女主人）で一貫されているので、元来はここも女性形の δεσποινῶν（女主人）だったのではないかとする校訂がある。

しにはもうこれ以上の財産を必要とはせず、むしろ十分に裕福であると思われるがね。君は、しかしながら、クリトブウロスよ、わたしから見るととても貧乏であるように思われるし、ゼウスに誓って言うが、ときには君のことをひどく憐れんでもいるのだよ」。

三　すると、クリトブウロスは笑い出してこう言った。「神々のおん前に誓って、ソクラテスさん、（と彼は言った）あなたの所有物はどれくらいに売れると思っているのですか、そしてわたしの所有物はどれくらいに売れると」。

「わたしが思うには」とソクラテスは言った、「もし善良な買い手に行き逢えば、家屋ともどもすべての持ちもので至極容易に五ムナー[1]にはなるよ。もっとも、君の持ちものとなれば、その百倍以上にもなることは、重々分かっているがね」。

四　「そうだと分かっていながら、あなたは今以上の財産を必要としないと考え、他方、わたしを貧乏だからと憐れんでいるのですか」。

「というのも、わたしの所有物は」とソクラテスは言った、「自分に十分足りるだけのものをもたらしてくれるのに、君の暮らしぶりを維持し、世間的声望を保つのには、現に君が所有しているものが三倍になったとしても、わたしが思うに、君にはなお十分ではないだろうからだよ」。

五　「一体どうしてそういうことになるのですか」とクリトブウロスは言った。

ソクラテスはこう説明した、「というのも、まず第一に、わたしが見ていると、君は頻繁にしかも盛大に供犠を執り行なわなければならない[2]。さもなければ神々も人びとも君をそっとしておいてはくれないだろうと思われるのだよ。そして、他国からの客人たちを多数、しかも豪勢にもてなすことが君には求められている。そして、同胞市民たちを食事に招き恩恵を施すことをもね。さもなければ味方になってくれる人たちを失って孤立してしまう。六　さらにまた、アテナイ国家までが君に多額の拠出金(3)を要求していて、馬の飼育保有(4)や合唱舞踏隊編成や体育競技会主催の経費負担(5)を、あるいはいろんな役職の長としての負担求めている

（1）重量の単位で、一ムナーは一〇〇ドラクメー（アッティカ制で約六〇〇グラム）に相当し、それらは貨幣単位としても用いられた。現代通貨への換算は困難であるが、ある程度の目安として、前五、四世紀のアテナイにおける熟練職人や三段櫂船の漕ぎ手の報酬が日当一ドラクメーで、それで四、五人の家族の暮らしがまかなえる額だったとのことである。ソクラテスの財産「五ムナー」はかなり貧しい階層に入る。

（2）誕生、結婚、葬儀など私的なものから所属区や国家レベルのものまでさまざまな祭祀があり、供犠を行なう必要があった。アテナイでは年間日数のほぼ半分が何らかの祭祀日であった。

（3）アテナイでは平時における徴税は年収の〇・二五パーセント程度で比較的軽かったが、さまざまな公共経費負担（*λειτουργία* レイトゥウルギアー）のかたちで富裕層にはあらゆる国家事業に対して出費が求められた。その対象者は前五世紀後半で四〇〇人前後だったと考えられている。その要請は不可避で、免れるためには財産交換（*ἀντίδοσις* アンティドシス）の訴訟に訴えるのが唯一の方途であった。これについては第七章三参照。

（4）戦時に騎兵として参戦するために馬を飼育保有するには多額の費用を要し、資産を有するものにしか不可能であったから、騎兵となるためには一定以上の財産保有が条件とされていた。

（5）国家行事としての祭礼などのための合唱舞踏隊編成に要する経費負担（*χορηγία* コレーギアー）や体育競技会開催と参加選手に要する経費負担（*γυμνασιαρχία* ギュムナシアルキアー）は、一種の名誉行為として、そのつど有力市民に割り当てられ、かなり頻繁で大きな負担ともなっていた。小規模の合唱舞踏隊経費で三〇〇〇ドラクメー、場合によっては数千ドラクメーを要した。

ことにも気がついている。そして、もし戦争でも起ころうものなら、三段櫂船[1]の装備経費負担[2]だとか、君がとても負い切れないような多額の税を課してもくるだろうということも分かっている。また、そうしたことについて、君がいささかでも不十分にしか行なっていないと思われれば、アテナイ人たちは、君が彼らのものを盗み取ろうとしているのを捕まえた場合と変わらないようにして、君を罰することだろうということも分かっている。七　その上、わたしの見るところ、君は自分が裕福だと思っているのでお金儲けにはとんと無関心で、愛する少年のことにばかり気を遣っている、――それでも別に構わないのだと言わんばかりにね。そうしたことで、わたしは君が取り返しのつかない災いを被って困窮の窮みに陥りはしないかと憐れんでいるのだよ。八　しかし、わたしの場合には、もし何か足りなくて困るようなことがあれば、わたしは承知しているし、また君にもよく分かっているように、何人もの人が手をさしのべてくれて、彼らがごくわずかなものを与えてくれるだけで、わたしの日々の糧はたっぷりと溢れんばかりになろうという次第なのだ。それに対して、君の親しい友人たちときたら、君よりもはるかにふんだんな身上《しんしょう》持ちであるにもかかわらず、君からの援助を期待しているのだよね」。

九　するとクリトブウロスは言った、「わたしとしては、それに対して言い返す言葉がありません。しかし、こんなときにこそあなたはわたしに手を貸して、わたしがほんとうに憐れな存在にならないようにしてくださらなければいけません」。

するとと、それを聞いてソクラテスは言った、「いや、君は自分にそんな態度をとらせるのは変だと思わないかね、クリトブウロスよ。ちょっと前に、このわたしこそが裕福なのだと言ったときには、裕福とはどういうことなのかも知らないと言わんばかりにわたしのことを嗤っていたし、また先ほどもわたしをやり込めて、わたしの所持物たるや君の物の百分の一にも足りないと認めさせずにいなかったというのに、さて今度は君に手を貸してまったくもって文字どおりの貧窮の身とならぬよう面倒を見てくれと命じているのだからね」。

一〇 「というのも、わたしの見るに」と彼は言った、「あなたは富を生み出す一つの確たるやり口、余剰を作り出す術《すべ》を心得ているからです。とすれば、わずかな取得物からでも蓄えをこしらえる人ならば、多くのものからなら易々と多くの余剰を作り出すことがきっとできるだろうと思うのですよ」。

一一 「すると君は、先ほどの議論で、(3) わたしに有無を言わせずに、馬を扱う心得のない者には馬は財物とはなりえないだろうし、土地であれ家畜であれ、あるいは金銭であれ、その扱い方の心得のない者には、それらも財物とはなりえない、と言っていたのを覚えていないのだね。収入というのはこうしたものから得られるのだが、どうして君はわたしがそれらのいずれにせよ扱い方を心得ていると思うのかね。そもそもわたしはそれらのどれ一つとして所有したこともないというのに」。

---

(1) ペルシア戦争の頃から使われた軍船で、大きさは長さ三六メートル、幅六メートル程度。漕ぎ手を三段に配し、俊速と機動性をもって、船底の先端に突き出させた衝角で敵船を破壊沈没させた。標準的には漕ぎ手一七〇人、戦闘員など三〇人の二〇〇人編成であった。

(2) 三段櫂船の装備経費負担（τριηραρχία トリエーラルキアー）も大きなもので、戦時に年ごとの軍船の装備一切の負担が有力市民に課された。一隻あたり数千ドラクメーないし数タラントンを要し、しばしば複数人で共同負担した。

(3) 第一章九。

一二「しかしながら、ある人が財産を有していないとしても、それにもかかわらず何か家政管理の知識というものが備わりうるのだと、われわれには思われたのでした(1)。とすれば、あなたがそれに精通していてもおかしくはないわけですよ」。

「それはつまり、ゼウスにかけて、当人が一度たりとも笛を所持したこともなく、また他の人が自分の笛を貸し与えて彼に笛の吹き方を学べるようにしてやることもなければ、その人が笛を吹くことに精通ができないのと同じことさ。わたしは家政管理についてはちょうどそういうありさまにあるのだよ。一三 つまり、わたしはそれを習得するための手段となるような財産を所有したこともなければ、また一度たりとも他の人が自分の財産を管理するよう委ねてきたこともないのだから、――今しがた君が委ねようという気になるまではね。竪琴を弾くことを習い始めたばかりの人たちは、きっと琴をだめにしてしまうし、わたしもまた、もしも君の家で家政管理を習得しようと手がけてみようものなら、おそらくは君の家をすっかりだめにしてしまうことだろう」。

一四 それに対して、クリトブウロスは言った、「ソクラテスさん、あなたはわたしに課された避けようのない厄介事を少しでも容易に耐えられるよう手を差しのべることをまったくせずに、懸命にそれから逃れようとしているのですねえ」。

「いや、ゼウスに誓って」とソクラテスは言った、「わたしとしてはそんなつもりは毛頭なくて、ほんとに懸命になってできるかぎり君に指し示してあげようとしているのだよ。一五 思うに、もし君が火を求めてやって来たのに私のところにそれがないとしたときに、他のところを指し示してそこから手に入れられるようにしてあげたとしたら、わたしを非難したりはしないだろうし、もし君がわたしに水を求めて頼んでいるのに、わたし自身が持っていないとしたときに、やはりそれを求めて他のところへ連れて行ったとしたら、そうしたからといってわたしを非難しはしないことは分かっている。あるいはまた、君がわたしから音楽を学びたがっているときに、わたし以上にはるかに音楽に長じている人たちを、しかも君がその人たちから学びたいと思えば感謝までしてくれる人たちを指摘してあげるとすれば、そんなことをするなんてと言ってわたしを非難するようなことがありうるだろうか」。

「当然ながら、けっして非難などいたしません」。

一六 「では、わたしとしては、クリトブウロスよ、君が今わたしから学ぼうとせがんでいることであれば、それについてわたしよりもはるかに長じている他の人たちを指摘してあげよう。わたしは、この国に住んでいる人たちのうちで誰がそれぞれの物事について最もよく精通しているかの見極めに習熟しているものと自認している。一七 というのも、同じ仕事に携わっていてもそれでまったく困窮している人たちもあれば、大いに裕福になっている人たちもあることに気がついてすっかり驚き、これはどうしたことなのかは考察に値することだとわたしは思ったのだ。そして、考察してみたところ、この成り行きはまことにそれに相応しいことが分かった。一八 というのも、行き当たりばったりに仕事をやっている者たちは損害を被っているのが見て取られたのに対して、気合いを入れてそれに励んでいる者たちはより素早く、より易々と、しかも

（1）第一章四。

より多くの利益を上げながらやっていることに気がついたのだよ。思うに、もしよければ、君がそういう人たちから学んだならば、神の意向に悖《もと》らないかぎり、きっとよほどすご腕の蓄財家になれるだろう」。

第三章

一　これを聞いてクリトブウロスは言った、「いいですか、わたしはあなたを放免するつもりはありませんよ、ソクラテスさん、まずはここにいる友人たちの前で[1]さきに約束したことを明らかに示してくれるまでは――」。

「ではどうかね」とソクラテスは言った、「クリトブウロスよ、まずは家屋のことで、ある者たちは高額の金銭を使って用をなさないものを建て、ある者たちはずっとわずかな金銭で必要なものはすべて備わったものを建てているということを君に明らかに示してあげれば、わたしが家政管理の仕事の一つを示しているものと君は思ってくれるかね」。

「むろんそうですとも」とクリトブウロスは言った。

二　「ではどうかね、そのつづきとして次には、ある者たちは多種多様の家具調度を取り揃えてはいても、いざ必要なときにそれらを使うことができず、それらがきちんと保全されているかどうかも分からなくて、それら多くのもののせいで彼ら自身も煩わされ、また多くのものが家僕たちをも煩わせているのに対して、ある者たちは家具調度をけっしてより多くではなく、むしろよりわずかにしか取り揃えていないが、必要とあらばただちにそれらを使う準備ができている、ということを事例として示してあげるとすれば」。

三「しかし、そうしたことの原因は、ソクラテスさん、どこにあるのでしょう。一方の者たちには家具調度のそれぞれがどこなりと行き当たりばったりに放置されているが、他方の者たちにはそれぞれ一つ一つがきちんと決まった場所に置かれている、ということに他ならないでしょうか」。

「そのとおりだ、ゼウスに誓って」とソクラテスは言った、「それも単に決まった場所にというだけでなく、適切なところにそれぞれのものが配置されているのだよ」。

「わたしには」とクリトブウロスは言った、「それもまた家政管理の大事なことをあなたは仰有っているのだと思われます」。

四「ではどうかね」とソクラテスは言った、「今度は家僕たちについて、ある家ではほとんど全員が足かせをつけられていて、それでも彼らは続々と逃亡しているのに対して、ある家では何の拘束もしていないのに、率先して仕事をし、そこに留まっている、という場合を君に示してあげるとすれば、君はこれもまたわたしが家政管理の仕事の見るべき事例を示しているものと思うかね」。

「そうですとも、ゼウスに誓って」とクリトブウロスは言った、「まことにそのとおりです」。

五「また、ほぼ同じような農地を耕作しながら、ある者たちは農耕のせいで身を滅ぼしたと言い、困窮しているのに対して、ある者たちは農耕によってふんだんに、そして具合よく必要とするすべてのものを手

(1) ここではじめて、この対話の場にクリトブウロスの友人何人かが、もっぱら聞き手がとして同席していることが分かる。

にしている、と言う場合を示してあげればどうかね」。

「そうですとも、ゼウスに誓って」とクリトブウロスは言った、「というのも、ある者たちはおそらく必要不可欠なものごとだけに出費するのでなく、当の主人やその家に対して損害を及ぼすようなものごとにまで出費しているのでしょうから」。

六 「なるほど、おそらくは」とソクラテスは言った、「そういう者たちもいるだろうね。しかしわたしが言おうとしているのはそういう者たちのことではなくて、農業に従事していると称しながら、必要不可欠なものごとにすら費用が出せないでいる者たちなのだよ」。

「しかし、そういうことになる原因は何なのでしょうか、ソクラテスさん」。

「君をそういう者たちのところへ連れて行ってあげよう」とソクラテスは言った、「君が彼らを見れば、きっと得心するだろうよ」。

「はい、ゼウスにかけて」と彼は言った、「もしそうできるものでしたら」。

七 「それでは、彼らを目で見て君が了解できるかどうか、自分を試してみることだね。ところでしかし、喜劇見物になら、君はとても早起きしてとても長い道のりを歩いてきて、わたしにも一緒に見物するよう熱心に説き勧めることは承知しているが、君が今言っているような作業の現場を見物するよう誘ってくるなんていまだ一度もなかったことだ」。

「では、あなたの目にはわたしが滑稽に見えるでしょうか、ソクラテスさん」。

八 「君自身には、ゼウスにかけて」とソクラテスは言った、「はるかにいっそう滑稽に見えることだろうよ。もしまた馬の飼育[1]を例にとって、ある者たちはそのために生活必需品にも事欠くようになってしまい、ある者たちは馬の飼育ゆえに大いに裕福になるとともに、その利得を誇っているということを示してあげればどうかね」。

「そういう人たちをわたしも見ていますし、またどちらの人たちも知っています。ただし、けっしてわたしは利得を得ている側の数には入りそうにありませんが」。

九 「それというのも君が、ちょうど悲劇や喜劇の役者たちを見るのは詩人になるためではなく、作品を見たり聞いたりして楽しむためであるのと同じような仕方で彼らを見ているからだよ。もっとも、おそらくそのことはそれでいいのだよ。君は詩人になりたいわけではないのだからね。しかし馬の飼育に携わらざるをえないというのであれば、君がこの仕事に精通するよう心がけないとしたら愚かだとは思わないかね。使役するのにすぐれた馬と売りに出して利益の上がる馬とはまったく同一のものなのだから、なおさらそうだと思わないかね」。

一〇 「わたしに仔馬の調教をしろとおっしゃるのですか、ソクラテスさん」。

「いや、ゼウスに誓ってそうではないのは、奴隷の子供を買ってきて農業従事者を育成するべしということではないのと同じだ。しかし、馬も人間も同じように一定の年齢に達するとすぐに役立つようになるとともに、さらによりよいものに進歩していくように思われる。あるいはまた、娶った妻についても、ある者たち

(1) アテナイ付近では馬の飼育に携わる者はさほど多くなかった。

は彼女らを家産を増やすための共働者として遇するのに対して、ある者たちの遇し方では妻がこの上ないまでに破滅をもたらすようなことになっていることを示してもあげられるよ」。

一一 「で、その場合に非難されるべきはどちらのほうなのですか、ソクラテスさん、夫ですかそれとも妻ですか」。

「羊についてであれば」とソクラテスは言った、「もしまずいことになれば、たいていの場合われわれは羊飼いのほうを非難するし、またもし馬が不始末を仕出かしたなら、馬の乗り手が悪いのだと難ずる。しかし妻については、もし夫からすぐれた指導をしてもらいながらへまをするのであれば、おそらく妻のほうが責を負うべきだとして当然だろうが、もしなすべき事柄について《立派ですぐれたあり方》を教え込まずにいて、妻のことをもの知らずだと考えているのだったら、その責は当然夫のほうにあるのではないだろうか。

一二 ともかくも」と彼は言った、「クリトブウロスよ、いまこの場にいるのは仲間の友人たちなのだから(1)、われわれにはありのままを言うべきだよ。大事な物事について君が奥さんに対して以上にもっと任せられるような人が誰かいるかね」。

「誰一人いません」と彼は言った。

「しかし君が奥さんと会話を交わすよりもわずかにしか会話することがないような人はいるかね」とソクラテスは言った。

「いなくはないにしても、けっして多くはありません」と彼は言った。

一三 「ところで君が奥さんを娶ったのは、彼女がまだほんのわずかなことしか見たり聞いたりしていないような、ごく幼い子供の頃だったのかね」。

「ごく幼い頃でした[2]」。

「それならば、彼女が何を言い何をなすべきかを心得ていたとしたら、それらのことに間違いを犯した場合以上に、はるかに驚くべきことだ」。
一四　「あなたが言わんとするのは、ソクラテスさん、よい妻を持っている人たちは、自分で妻の躾をした、ということですか」。
「調べてみるのが一番だよ。わたしとしては君をアスパシア[3]に紹介してあげよう。彼女はそうしたことのすべてにわたしよりも精通しているから、君にそれを明らかにしてくれることだろう。一五　わたしが考えるには、妻が家産の事でのよき共働者であれば、家をよくするのに夫と同等の働きをするものだ。所得のほうは大抵は夫の働きによってもたらされるのだが、出費のほうはほとんどが妻の家計処理によってなされるのだからね。そしてその収支双方がうまくなされれば家産は殖えるが、それらの行なわれ方がまずければ家産は衰えていくものだ。一六　また、もし君がさらに必要と考えるのなら、他の専門知識分野についても、

---

(1) 二一頁註（1）参照。
(2) 当時の通例としては、男性は三〇歳を過ぎてから、女性は一五歳前後で結婚した（第七章五参照）。
(3) アスパシアはミレトス生まれで、才色兼備で名高い娼妓。アテナイにおいてペリクレスの寵愛を受けた。二人のあいだに生まれた息子のペリクレスは特例として市民権を与えられた。彼女の邸宅は当時のアテナイの文化・藝術サロンとなっていた。ソクラテスもしばしば才女として彼女を引き合いに出しているが、常にアイロニーを帯びた言及になっていることは否めない。『ソクラテス言行録』第二巻第六章三六参照。

言うに足るだけの仕方でそのそれぞれに従事している者たちを君に示してやれるとも思っているのだよ」。

第四章

一　「しかし、どうしてすべての専門知識分野について逐一示す必要があるのですか、ソクラテスさん」とクリトブウロスは言った、「専門技術のあらゆる分野のしかるべき従事者たちを得ることは容易ではありませんし、またそれらすべての技術に熟練することは不可能ですから。むしろ、専門知識の中でも最も立派だと思われるもの、わたしが携わるのに最も適切なもの、まさにそうした諸知識分野とそれらに携わっている人たちを示してくださり、そしてあなたご自身もできうるかぎりそれらの諸知識を教えてくれる手助けをしてください」。

二　「君の言うとおりだ」とソクラテスは言った、「クリトブウロスよ。なるほど、いわゆる手仕事的な専門技術は悪く言われ、しかも当然ながら、どの国でもきわめて低く見られているからね(1)。というのも、それらの技術は従事する者たちや監督者たちの身体をすっかりだめにさせてしまう——じっと座ったままでいることや日の当たらない屋内にいることを彼らに強いるし、また仕事によっては一日中火のそばで過ごすようにもさせるからだ。そして身体がぐったりすると、魂もまたすっかり無気力になってしまう。三　さらには、それらいわゆる手仕事的な専門技術は、仲間の友人たちや国家への気遣いを共にするゆとりを与えない。そのために、それに従事する者たちは友人たちとのつき合いが悪く、また国家のための護り手としても劣っていると思われている。だからいくつかの国家においては、とりわけ好戦的だと思われている国家においては、市民たる者は誰もそうした手仕事的な専門技術の仕事に就くことが許されていないのだからね[2]」。

四　「それで、われわれに勧めてくださるのはどのような専門技術でしょうか、ソクラテスさん」。

「はたして」とソクラテスは言った、「ペルシア大王[3]に倣うことをわれわれは恥としたものだろうか。というのも、彼は、農業の技術と戦争の技術が最も立派で最も必要不可欠なものに属していると考えて、それら両者に大いに関心を払っていると言われているのだがね」。

五　するとクリトブウロスは、それを聞いてこう述べた、「それを（と彼は言った）、ソクラテスさん、あなたは信じているのですか、ペルシア大王も農業に関心を払っているということを」。

「こういう風に考えてみれば」とソクラテスは言った、「クリトブウロスよ、彼もいささかなりとそれに関心を払っているかどうか、きっと分かるだろう。つまりこうだよ、――彼が戦争に関する事業に大いに関心を払っているということでは、われわれの意見は一致している。大王が朝貢を受け取っている諸民族を支配する地位にある者たちに対して、彼は、どれだけの数の騎兵や弓兵や投石兵や軽装兵[4]を養っておくべきかを

（1）手仕事的な肉体作業は、当時の一般自由市民のあいだでは低く見られていた。

（2）スパルタが念頭に置かれている。

（3）アケメネス朝ペルシア帝国を創建したキュロス（前五五九頃―五三〇年）。

（4）軽装兵（γερροφόροι ゲロポロイ）は、籐で編んだ枠に牛革を張った軽い楯（γέρρα ゲラ）を装備した歩兵で、迅速な集団行動に優れていた。

定めて、その支配下にある臣民を従わせるに十分であるとともに、敵軍がその国に攻め込んできたときにも国土を守れるようにさせている。また、これらの兵士たちとは別に、支配者は城塞に守備隊をも養っている。六　それらの駐屯兵に食料を供給しているのは、その任を命じられた指揮官であり、[1] 年ごとに、きちんと武装を整えた傭兵その他の兵士たち全員を、ただし城塞に配備された者たちを除いてだが、まさに集合所と呼ばれている場所に集合させ、大王が部隊査閲を行なう。自身の宮廷の周辺に配した兵士たちについては自らが閲兵し、離れた地にいる兵士たちには信頼の厚い者を派遣して査察させる。七　そして、部隊司令官、千人隊長、総督たち[2]のうちで定められた兵員数を、しかも優良な馬と武装を整えた兵士たちを揃えていることが明らかであるような、そうした支配者たちには、大王が栄誉を讃えて地位を高めてやり、膨大な褒賞を与えて裕福にしてやる。しかし支配の地位にある者の中に[3]駐屯兵をなおざりにしたり私腹を肥やしたりしている者を見つけた場合には、厳しく処罰し、支配の地位から外して他の者を管理者に就かせる。だから、大王がこうしたことをするからには、彼が戦争に関する事柄に大いに関心を払っているということに異論の余地がないものとわれわれに思われる。

八　さらには、国土についても、大王が巡行の途次に視察する範囲は自らが検分し、自らが視察することのない範囲には信頼の置ける者たちを派遣して調査を行なう。そして、支配に当たっている者のうちで、その国土に多くの人口が集住し、土地がよく耕作され、木々が繁茂し、どの樹木も果実をもたらすようにさせている者には、他の国土をも加増してやり、褒賞を与えて讃え、栄誉ある地位をもって報いてやる。[4] 他方、支配者が過酷であったり、横暴であったり、管理をなおざりにしているために、土地が耕作されずに人口過疎の状態にあるのを目にした場合には、その支配者を処罰し、支配の地位から外して他の者を管理者に就かせる。九　こうしたことを行なっているとすれば、ペルシア大王は、土地が耕作されているようにということに対して、駐屯兵による守備がうまくなされているようにということに対してよりも低い関心しか払っていないと思われるかね。そして、それら双方に対して別々の支配者が大王によって任命されているのだよ。つまり、一方は住民と労働者を統括して彼らから貢税を徴収する者たちであり、他方は武装した駐屯兵を統括する者たちである。一〇　もし部隊司令官が十分に国土を防衛できなければ、住民と労働の統括の任に当たっている者たちは、守備がなされていなくては働くことができないとして、部隊司令官を責めるし、またもし部隊司令官が平和を保って労働できるようにしているのに、住民を統括する任にある支配者が、少数人口状態で土地が耕されないままにしていれば、今度は部隊司令官がその支配者を責める。一一　労働者が土地を不適切に耕していたのでは、駐屯兵を養うこともならず、貢税を納めることもできないからである。総

（1）このあたりの記述はヘロドトス『歴史』第一巻一九二に即応している。

（2）部隊司令官（φρούραρχος プルウラルコス）は各駐屯部隊の統率者、千人隊長（χιλίαρχος キリアルコス）は大王直属で、実戦の指揮を執る士官、総督（σατράπης サトラペース）は彼らおよび配下の部隊全体を統括して、任じられた各地域（属州）を支配する最高責任者。

（3）φρουρὰν（Schäfer）を読む。あるいは φρουραρχιῶν（司令官の地位・権限）のままとすべきか。

（4）『キュロスの教育』第八巻第一章三九参照。

督が任じられているところでは、彼はそれら両方面の事柄を管掌するのである」[1]。

一二　それを聞いてクリトブウロスは言った、「なるほど、大王がそういうことをしているのであれば、ソクラテスさん、わたしとしては彼が農業の仕事に対して戦争に関する事柄以下にしか関心を払っていないとはまったく思えません」。

一三　「しかもその上」とソクラテスは言った、「彼がどこに滞在するにせよ、どこへ行幸に赴くにせよ、その地の農業の仕事に関心を払い、庭園すなわち彼らの言い方では「パラデイソイ」[2]が大地の産み出すすべての《立派でよきもの》に満ちあふれるようにと関心を払い、季節がそぐわないときは別にして、大王自らが大部分の時間をこの庭園内で過ごすのだよ」。

一四　「ゼウスにかけて」とクリトブウロスは言った、「大王自らが過ごすその地にある庭園となれば、樹木その他大地の産み出す素晴らしいものすべてがすっかり揃っているようにされていなければなりませんね」。

一五　「またある人たちの言うところによれば」とソクラテスは言った、「クリトブウロスよ、大王が褒賞を与えるときに、まず呼び入れるのは戦争において武勲のあった者たちで、それはいくらたくさんの農地を耕しても、それを守護する者たちがいなければ何にもならないからであるが、その次に呼び入れるのは土地を生産力に富んだものとするのに最もすぐれた者たちで、大王の言うに、そうした働き手なくしては、勇者たちといえども生きていくことができないからである。一六　また、キュロス[3]は最も傑出した王侯（バシレウス）だったのだが、彼は、褒賞の授与に召喚された人たちに対して、自分自身こそ両方の者たちへの褒賞をともに受け取るのが当然だろうと言った、と伝えられている。土地を整備するにも、整備する者たちを守護するにも自分が最もすぐれているのだからと言った、とのことである」。

一七「なるほど、キュロスは」とクリトブウロスは言った、「ソクラテスさん、もし彼がそう語ったのだったら、戦さに長けていることに少しも劣らず、土地を生産力に富んだものとして整備することを悦びとしていたのですね」。

一八「そう、ゼウスに誓って」とソクラテスは言った、「キュロスはそうだったのだよ。そして、もし彼が今も生きていたならば、最もすぐれた支配者になっただろうと思われる。そのことの証拠は他にも多々示

(1) 行政面の支配者、軍事面の支配者(司令官)の他に総督が任じられていたのは、おそらく主要な地域だけだったのであろう。

(2)「パラデイソス(παράδεισος)」(「パラデイソイ」はその複数形)は、ペルシア(アヴェスタ)語 pairidaēza をギリシア語に音写したもので、元は「壁で囲われた土地」を意味した。「庭園」としたが、耕作地や果樹園があり、さらには狩猟もできる広大な土地である。この語の用例はクセノポンに始まる(『アナバシス』第一巻第二章七など、『キュロスの教育』第一巻第三章一四など)。のちの「パラダイス(楽園)」はこの語をオリジンとする。

(3) これ以降に語られるキュロスは、前出のアケメネス朝創建者のいわゆる「大キュロス」ではなく、『アナバシス』に登場する別の同名人物で、「小キュロス」とも呼ばれる。この二人のキュロスをあたかも一人の人物であるかのように目立たぬかたちで話を移行させているのは、明らかに著者が意図的に行なっていることである。クセノポンと同時代の小キュロスは、彼にとって、あたかも大キュロスが蘇ったかのごとき理想的支配者たるべき人物であった。彼は兄王アルタクセルクセスの悪政を糺すべく反乱を起こし、一万人のギリシア人傭兵(クセノポンもその一人)を含む大群を率いて攻め上るが、戦い半ばにして斃れた(前四〇一年)。

されているが、王座をめぐって兄に戦いを挑んで進軍していたときのこと、キュロスの許からは誰一人として脱走することがなかったのに対して、兄王の許からは幾万人もがキュロスの許へ脱走してきた、と言われている。[1] 一九 このわたしも、人びとがその人に率先して付き従い、危険な状況に陥ってもよろこんで傍に踏みとどまるのであれば、それは支配者としての優秀さの大きな証拠だと思うね。かの人の味方の者たちは、彼が存命中は一緒になって戦い、彼が斃れると全員が彼の亡骸の周りで闘って一緒に死んだのだった。ただし、アリアイオス[2]を除いてだったが。アリアイオスはちょうどそのとき戦列の左翼に配置されていてね。

二〇 それからまた、この人キュロスは、リュサンドロス[3]が同盟諸国の貢納品を携えて彼の許へ赴いたときのこと、[4]——これはかつてリュサンドロス当人がメガラに滞在中にとある客人に語ったことだが——いろいろと丁重にもてなしてくれて、分けてもサルディス[5]にある庭園(パラディソス)を彼に見せてくれた、とのことである。二一 リュサンドロスは庭園を称賛して、樹木の美しいこと、等間隔に植えられていること、木々の列がまっすぐになっていること、すべてが見事に規則正しい角度をなしていること、数多《あまた》の心地よい香りが散歩中の彼らにまとわりついてくること、そうしたことを称賛しながら、こう言った、『さてもわたしとしては、キュロス殿、何もかもが美しくて驚くばかりですが、それよりもさらにいっそう賛嘆してやまないのは、あなたのためにこれらのもの一つ一つを正確に測量しきちんと配置した人ですよ』。二二 それを聞いてキュロスは喜んで、こう言った、『いやこれらは、リュサンドロスよ、このわたしが測量し配置したのだし、樹木の一部はわたしが自ら植えもしたのだよ[6]』。二三 するとリュサンドロスは、彼を見つめ、彼が着ている外衣の立派さに目をやり、香料の香りと首飾りと腕輪その他彼が身につけている装飾品に気を引かれながら『え、何ですと、キュロス殿、これをあなたの手で植えられたわけですか』と言った。二四　するとキュロスはこう答えた、『わたしの言ったことに驚いているのかね、リュサンドロスよ。ミトラ神(7)に誓って君に言うが、わたしは健康であるかぎりは、何か戦争に関する事柄か農耕の仕事の修練をするなり、あるいは何か一つの事に打ち込んで汗をかくことなしには、けっして夕食の席に就くことがないのだ』。

二五　そして、リュサンドロス自身が言ったことだが、彼はそれを聞くとキュロスに右手を差し出して、『キュロス殿、当然至極にもあなたは幸福なお方だ。あなたのようにすぐれたお方こそが幸福であるからで

---

(1) この事実については『アナバシス』第一巻第九章二九参照。ソクラテスが実際に（小）キュロスについて一八―二五節に語られているような詳細を知っていたとは考えにくい。

(2) アリアイオスについては『アナバシス』（とくに第一巻第九章三一）参照。彼はキュロス麾下の有力ペルシア人の一人。反乱に際してキュロスの死を知ると、戦線から逃亡し、またギリシア軍とともに退却中にも卑劣な性格を露呈する。

(3) リュサンドロス（前三九六年歿）はペロポネソス戦争末期のスパルタ海軍の提督。前四〇六年に小キュロスのペルシア軍と提携して、ノティオンの海戦でアルキビアデスの率いるアテナイ海軍を打ち破り、さらにアイゴスポタモイの海戦ではアテナイ海軍を壊滅させた（前四〇五年）。アテナイ降伏後には三十人独裁政権を支援した。傲岸不遜で名誉欲の強い人物だったが、政治・軍事の能力は総じて高く評価されている。

(4) 前四〇七年（『ギリシア史』第一巻第五章一以下参照）。

(5) サルディスは小アジアのやや内陸部（エペソスの東方）に位置し、前六世紀にはリュディア王国の首都として栄えたところ。

(6) ペルシアの庭園（パラデイソス、三一頁註（2）参照）では大キュロスの時代から植樹・植林は神聖な意味を持ち、幾何学紋様的に整然とした配置で行なわれた。

(7) ミトラはペルシアの太陽神。

す』と言ったとのことである」。

第五章

一 「わたしが言おうとするのは、クリトブゥロスよ」とソクラテスは言った、「きわめて裕福な者でも農業と疎遠であることはできないということだ。それに携わることは、ある種の贅沢であるとともに家産を殖やすことでもあり、自由人に相応しいだけのものごとをなしうるに足る身体的鍛錬ともなるからである。二 すなわち、まず第一に人間が生きる糧となるもの、それを働く者たちにもたらすのは大地であり、さらには贅沢の源となるものも大地がもたらしてくれる。三 それから、祭壇や神像やあるいは人間自身を装飾するためのもの、それらをきわめて心地よい香りと見栄えのよさを伴ってもたらしてくれるのもまた大地である。そしてまた、大地は数多《あまた》のご馳走を生育させ、あるいは養い育てる(1)。家畜の飼養術も農業に伴うものであり、それによって供犠を行なうことで神々の意に叶うこともできるし、自分たちに役立てることもできるからである。四 農業はいささかの惜しげもなく豊かなよきものをもたらしてくれるのだが、しかし惰弱であってはそれを手にさせてはくれず、冬の寒さや夏の暑さに耐えることに慣れなければならない。農業は自らの手で働く農民を鍛え上げて彼らに体力をつけさせ、農作業の管理に携わる者たちには朝早く起きて活発に動き回ることを課して、雄々しい者にさせる(2)。田舎においてであれ、市域においてであれ、肝要なものごとをなすにはいかなる場合にも時宜というものがあるからである。五 さらには、もし騎馬で国家に役立ちたいと思うのであれば、農業は馬も一緒に飼養するのに最も適しているし、もし歩兵として役立ちたいと思うのであれば、身体を丈夫にさせてくれもする。また大地は狩猟に精を出す気分をどれほどか高揚させてくれる——犬に与える食物を得やすくさせるとともに、獲物の動物をも共に養い育てることによってね。六　そして、馬や犬は農業から益を得る一方で、田野に益を返してもいる。馬は土地の面倒を見る者を早朝から管理の場まで運んで行き、夕方遅くそこを立ち去ればいいようにさせるし、犬どもは野生動物を追い払って収穫物や羊が傷めつけられないように守っている上に、孤独であっても安心できるようにもしてくれるのだよ。七　また大地は、果実を養い育ててそれを強者が取っていこうとすれば勝手に取れるようにすることで、農夫たちが武器を手にして国土を守るよう鼓舞しもする。八　さらには、走ること、投げること、跳躍することを身につけるのに、どの技術が農業以上に適しているだろうか。どの技術が農作業に携わる者に対して以上に十分に報いてくれるだろうか。どの技術がそれに携わる者をより快く受け容れ、やって来る者に手を差しのべてほしいと思うものを何なりと得させてくれるだろうか。どの技術がよりいっそう惜しげもなく客人たちを歓待するだろうか。九　ふんだんに火を焚き暖かな風呂に入って冬をやり過ごすのに、その辺りの田園以上に容易なところがどこにあるかね。またどこに水や風や日陰のおかげで夏を過ごすのに田舎以上に心

（1）すなわち、植物を「生育させる」とともに動物を「養い育てる」。

（2）農業に携わる自由民として、自ら農耕作業をする自作農（αὐτουργός アウトゥウルゴス）ともっぱらそれの管理に当たる農業経営者とがある。イスコマコスはむろん後者である。

地よいところがあるかね。一〇　また、農業以外のどんな技術が神々に奉納する初物としてより相応しいものをもたらしたり、より完全な祭礼を執り行なったりするのかね。他のどんな技術が召使いたちにより好ましいものであり、妻により心地よいものであり、子供たちにより歓迎されるものであり、あるいは友人たちにより好意を持たれるものであろうか。一一　わたしとしては、もしも誰か自由人がこれよりも何かより素晴らしいものを所有していたり、何かより素晴らしい事業を、あるいは生活により有益な事業を見いだしたとするならば、驚くべきことに思われるよ。

一二　さらにまた、大地は神的存在であり、学ぶことのできる者には正義をも教えてくれる。なぜなら、最もよく大地の世話を尽くした者には最も多くのよきものを返してよこすのだから。(1)一三　そして、もしも農業に従事するとともに、きびしくて男らしい教練を受けている者たちが、大軍勢によって農作業ができなくされるようなことがあれば、彼らは、心身ともに備えがすっかり整っているので、神がそれを妨げないかぎり、妨害者たちの土地に侵入していって、自分たちが生きていくのに必要なものを手に入れてくることもできる。戦時においてはしばしば武器を手にして食料を求めるほうが、農耕具を手にして求めるよりも失敗が少ないものだ。

一四　また農業は、お互いに協力して事に当たるための教練ともなる。敵軍に対するときには人びとと一緒に進まなければならないが、農耕作業は人びとと一緒に土地に対するものだからである。一五　だから、農業をうまく営もうとする者は、働き手を仕事熱心でよく言うことを聞くようにさせなければならないし、また敵軍との戦いの指揮を執る場合も、すぐれた者がなすべきことをなす者には褒賞が与えられ、秩序を乱す者には罰が与えられるようにして、農業の場合と同じことに手立てを図らなければならないのである。

一六　そして、軍の司令官が兵士たちに対するのに少しも劣らず、農業を営む者は働き手に対して幾度となく叱咤激励しなければならない(2)。また奴隷たちに対しては、彼らが喜んで働きつづけるようにするためには、自由人に対するのに少しも劣らず、いやむしろよりいっそう、明るい希望を抱かせることが必要である。

一七　農業は他の諸技術の母であり養い手であると言った人(3)は、正しいことを述べたのだよ。農業がうまくいっているときには、他のあらゆる技術も勢い盛んになるが、大地が荒廃を余儀なくされているところでは、陸上のものであれ海洋のものであれ他の諸技術もまたほぼすべてが意気消沈してしまうからだ」。

一八　それを聞いてクリトブウロスは言った、「なるほどそうしたことは、わたしとしては、ソクラテスさん、あなたのおっしゃるとおりだと思われます。しかし、農業のことはあらかたが人間にとって予見不可能であること〈明らかです(4)〉。なぜなら、雹や霜、またときには干魃や激しい雨やカビの発生その他の出来事がしばしば起こり、せっかくきちんと計画し行なってきたことを台無しにしてしまうからです。さらには、きわめて見事に育て上げられた家畜をも、疫病が最悪の仕方で滅ぼしてしまうこともあるのです」。

一九　それを聞いてソクラテスは言った、「いや、わたしとしては、クリトブウロスよ、君は知っているも

---

(1)『キュロスの教育』第八巻第三章三八に同趣旨のことが言われている。

(2)同じことは『ソクラテス言行録』第三巻第四章八でも言われている。

(3)誰の言ったことかは不明。

(4)何らかの字句欠落があるが、底本に従い δῆλον を補う。

のと思っていたのだがね、神々は戦争における出来事とまったく同じように農業において起こる出来事をも司っているということを。そして、君は見ていると思うのだが、参戦する人たちは戦争行為を開始するのに先立ち神々に対してその意に叶うようにと祈願し、犠牲を捧げ鳥占を行なって、何をなし何をなさざるべきかのお伺いを立てるのだよ。二〇　農耕作業についても神々のご加護を乞わなければならないと思えないかね。つまり、いいかね、身の程をわきまえた人たちであれば、瑞々しい収穫物や乾いた収穫物[1]のために、牛や馬や羊のために、さらには彼らの持てるすべてのもののために、神々への奉仕に努めるのである」。

第六章

一　「なるほどそうしたことは、ソクラテスさん、わたしにはあなたのおっしゃるとおりだと思われます――平和時の仕事も戦時の仕事とまったく同じように神々が司っているのだからとして、どんな仕事でも神々の加護の下に始めるように努めるべしと命じているわけですから。そのことについては、しっかりとそうするようにいたしましょう。あなたは、しかし、家政管理について話をしていて、それから逸れてしまったのですが、先の話のつづきに決着をつけるようにしてください。すでにあなたの言われたことを聞いた今となれば、どんなことをしながら生計を図っていくべきかが以前よりもよほどよく見通せるようになっていると思われますから」。

二　「それではどうかね」とソクラテスは言った、「まずはわれわれが意見の一致を見ながら進んできたこれまでの議論の道筋を辿り直すことにしようか。そうすることで、できることなら、これ以降の議論についても十分意見の一致を見ながらやり通そうと試みるためにね」。

三　「たしかに」とクリトブウロスは言った、「たとえば金銭を共同して扱っている人たちが、もめ事を起こさずに業務を完了するのは気持ちのいいことですが、それと同様に、われわれが言論を共にしていて、議論を交わしている当の事柄について完全に意見の一致を見ながら、それを全うするのも、やはり気持ちのいいことです」。

四　「それでは」とソクラテスは言った、「家政管理とはわれわれには何らかの専門知識の名前であると思われたし、その知識とは、人間たちがそれによって家産を殖やすことのできるものと見なされ、家産とは持てるもののすべてであるとわれわれに見なされた。そして持てるものとは各人にとって生活に有益なものであるとわれわれは言い、さらには、人が役立てる術《すべ》を心得ているかぎりのすべてのものが有益なものであることが明らかにされたのだった。五　ところで、あらゆる専門知識を学び取ることはわれわれにはできないと思われたし、いわゆる手仕事的な専門技術は、身体をだめにすると思われ、また魂を無気力にさせるからという理由で、国家と歩調を合わせてそれらを排斥すべしということに同意したのだった。六　それについての最も明白な証拠はこうすれば得られる、ともわれわれは言った、——すなわち、敵が国土に侵入してきたときに、だれかが農業従事者たちと専門技術者たちを別々に座らせてそれぞれのグループに、国土を守る

（1）「瑞々しい収穫物（ὑγρὸς καρπός）」は果物、「乾いた収穫物（ξηρὸς καρπός）」は穀物のこと。

のをよしとするか、それとも土地は譲り渡して城壁を守り抜くのをよしとするかを訊ねてみれば、とね。(1) 七 つまり、こうした場合、土地に関わり合っている者たちはそれを守る側に票を投じ、専門技術者たちは戦うことをしないで、彼らの受けてきた教育のとおり苦難を避け危険を冒さないようにして座している側に票を投じるわけだ。八 われわれが到達した判断は、農業こそが《立派ですぐれた人たち》に相応しい仕事であり、最良の専門知識であり、それによって人間は生活必需品を手に入れている、ということだった。九 この農業こそは学ぶに最も容易で、携わるに最も快適で、身体を最も美しく最も強壮なものにさせるとともに、魂に最小限の煩わしさを負わせるだけで、親しい友人や国家のことを気づかうゆとりを与えてくれるものであると思われた。一〇 そして、農業は防壁の外で生活必需品を生育させ養い育てること(2)で、その仕事に従事する者たちを勇猛であるように仕向けもする、とわれわれには思われたのだった。こうした理由から、この生き方こそが、共同体に最善にして誠心誠意努める市民たらしめるがゆえに、国家的見地から最も高く評価されるべきものと思われるのだよ」。

一一 するとクリトブウロスが言った、「ソクラテスさん、農業によって人生が最も素晴らしく最善にして最も快適なものとなるということは、十分得心できたと心底わたしにも思われます。しかし、他方であなたのおっしゃったこと、すなわち農業に従事している者たちでも、そのやり方次第で、必要とするものを農業からふんだんに得ている者もいれば、農業が彼らに益をもたらしていない者もいることの原因が分かったとおっしゃったこと、そのことについても双方の場合を是非あなたからお聞きしたいものです。それによってよきことを行ない有害なことを行なわずにすむようにするために」。

一二 「ではどうかね、クリトブウロスよ」とソクラテスは言った、「以前ある人と出会って話をしたときのことを、はじめから詳しく話してあげるとしようか。その人は文字どおり《立派ですぐれた人物》(3)という呼び名を冠して憚るところのない人たちの一人なのだがね」。

「そういうことでしたら」とクリトブウロスは言った、「是非ともお聞きしたいものです。このわたしとしてもその呼び名に相応しい存在になりたいと望んでいますから」。

一三 「では」とソクラテスは言った、「どんな風にしてその人物に注目するに至ったかを話してあげよう。というのも、すぐれた建築家やすぐれた鍛冶職人やすぐれた画家やすぐれた彫像家、その他この種の人たちと近づきになり、彼らの美しい［立派な］作品と認定されているものを目にするのには、ごく短時日で十分だった。一四 さてしかし、あの威厳ある《立派ですぐれた人物》という呼称を有している人たちが、一体どのような仕事をすることによってその名で呼ばれるに値するのかを考究するために、誰かそういう人たちの一人と親しくつき合いたいと強く心から念願したのだよ。一五 そこでまず、その呼称は《立派な［美し

---

(1) このような論点は、これまでの対話のどこにも見られない。おそらく第四章二ないし三で論じられたが、その部分が後に欠落したものと推測される。

(2) 三五頁註（1）参照。

(3) 「立派ですぐれた人物（καλοὶ κἀγαθοί カロイ・カーガトイ）はクセノポンにおいて人間（とくに自由市民）としての理想的あり方を体現した人を言い表わす言葉であるが、以下のイスコマコスとの対話においては、この人物について頻繁に用いられている。明確な規定のむずかしい語であるが、ここには多くの具体的な論点を通じてその内実を窺い知ることができよう。ただし、ソクラテスのイスコマコス礼讃にはときとしてアイロニーが含まれていることにも注意すべきであろう。

い］》が《すぐれた［善い］》に付け加わったものだから、誰なりと見栄えの立派な［美しい］人のところに寄って行って、その《立派さ［美しさ］》に《善さ》が付け加わっているのが見られないものか確認しようとしたのだった。一六　ところが思うようには行かず、何人かの容姿は立派な［美しい］人たちが、まるで邪悪な心根《こころね》をしていることがよく確認できたように思われた。そこでわたしは見かけの美しさからは遠ざかり、《立派ですぐれた人物》と称されている人たちの誰かのところへ行くのがいいと思った。一七　そこで、イスコマコス[1]という人物が男性からも女性からも、外国人からもこの町の人たちからも《立派ですぐれた人物》と呼ばれているのを耳にしたので、わたしはこの人と親しくつき合ってみようと思ったのだよ」。

第七章

一　「さて、あるとき彼が解放の神ゼウスの神殿の列柱廊[2]に座っているのを見かけたのだが、暇《ひま》な様子に思われたので、彼のそばに近寄って、並んで座りながら、こう話しかけた[3]。

――「イスコマコスさん、どうしてまた滅多に暇つぶしなどしたことのないあなたが座り込んでいるのですか。あなたを目にすると、大抵は何かしているか、公共広場にいても、すっかり暇にしていることはないのですが」。

二　「いや、今にしても」とイスマコスは言った、「ソクラテスさん、わたしを見かけることはなかったでしょう、ここである外国の人たちと待ち合わせの約束をしたのでなければね」。

「何かそういったことをしていないときには、神々に誓って」とわたしは言った、「一体どこで時を過ごし、

(1) 以下巻末までの対話の中心人物であるが、彼についての事実特定は困難で、実在人物かどうかも不明。イスコマコスという名の人物は当時の史料から数人が知られる(Pomeroy は当該箇所の註で一一の史料を挙げて詳しく論じている)。むろんそのいずれとも明確に同定することはできないが、アンドキデス『秘儀について(第一弁論)』一二四やリュシアス『アリストパネスの財産について(第十九弁論)』四六にその名が見えるイスコマコスの可能性が最も考慮されている。J. K. Davies によれば、この人物は遅くとも前四六〇年までに生まれ、クリュシラという富裕の女性と結婚し(したがって『家政管理論』に登場するのは彼女ということになる)、前四〇四年以前に没した。相応の富有階層に属していたが、晩年は零落した。また彼らの娘はカリアスと結婚したが、クリュシラも絡んだスキャンダルによって離婚している。しかし、仮に特定の人物がクセノポンの念頭にあったとしても、実際にはむしろクセノポン自身の思想を代弁するための、言わば著者の分身としての役割を担っているものと考えられる。

(2) 解放の神ゼウス(ゼウス・エレウテリオス)の神殿の列柱廊(ストアー)は、アテナイのアゴラー(公共広場)西端に並ぶ公共建造物群の一つで、アテナイ市民の会合場所としてよく用いられていた。プラトン『テアゲス』の対話はここで行なわれている。またこの列柱廊は絵画装飾されていて、そこにはマンティネイアの戦い(前三六二年)でアテナイの騎兵軍団がエパメイノンダスのテバイ軍を打ち破るさまを描いたものも含まれていて、「アテナイ軍ではクセノポンの息子のグリュロスが……最も際立っている」とのことである(パウサニアス『ギリシア案内記』第一巻第三章四)。その意味ではクセノポンにとって特別の場所であったが、著作時にそのことが意識されていたかどうかは分からない。

(3) 以下巻末まではすべてソクラテスがイスマコスと交わした対話をクリトブウロスに報告するかたちになっているので、ここでのソクラテスとイスマコスの発言はそれぞれ二重カギで括られるべきだが、煩瑣を避けて一重カギを用いることとする。

何をなさっているのですか。と言うのも、わたしはあなたに是非聞いてみたいのですよ、一体何をなさっているがゆえに《立派ですぐれた人物》と呼ばれているのかを。あなたは家の中で時を過ごしているわけではないし、あなたの体つきからもそうは見えませんしね」。

三　するとイスコマコスは、何をなしているがゆえに《立派ですぐれた人物》と呼ばれているのかというわたしの問いに笑みを浮かべ、満足げに（とわたしには思われたのだが）、こう言った、「ある者たちがわたしについてあなたと話を交わしているときに、わたしのことを《立派ですぐれた人物》と呼んだかどうかは知りません。実際、人びとが三段櫂船の装備や合唱舞踏隊編成の経費負担に関わる財産交換[1]の件でわたしを召喚するときには、誰も（と彼は言った）《立派ですぐれた人物》を捜索するのではなく、まぎれもなくイスコマコスという名前に父称を添えて[2]呼び出すのですから。しかしたしかにわたしは、（と彼は言った）ソクラテスさん、わたしにお訊ねになったとおり、わたしはいかなるときにも家の中で時を過ごしているようなことはありません。それというのも、（と彼は言った）自分の家の中のことを管理するには妻だけでも十分だからです」。

四　「いや、まさにそのことを」とソクラテスは言った、「イスコマコスさん、あなたに是非お聞きしたいというのは、あなたはご自身で夫人[3]をしかるべく教育したのか、それとも彼女の父親および母親から彼女を娶ったときに、彼女の役割たるものごとを取り仕切る術《すべ》をすでに心得ていたのかということです」。

五　「いや、どうして」と彼は言った、「ソクラテスさん、わたしが彼女を娶ったとき、すでにその心得が彼女にあったでしょうか。彼女がわたしのところへ来たのは、いまだ十五歳にもならないときで[4]、それ以前はと言えば、できるだけ見たり聞いたりものを訊ねたりしないようにと、厳しい監督のもとにあって暮らしていたのですよ。六　羊毛を渡されて外衣をこしらえる心得があって、見てきたことといえば糸紡ぎの仕事がどんな風に下女たちに割り当てられるかということだけで[5]嫁いできたとすれば、それでまあよしとするべ

（1）財産交換（*ἀντίδοσις* アンティドシス）とは、何らかの公共経費負担（*λειτουργία* レイトゥウルギアー、一五頁註（3）参照）が国家から課されてそれに不服があるときにとられる制度。すなわち、当該者は自分よりそれを引き受けるのに適切と思われる人があれば、その人に負担を代わってもらうか、相手が応じなければ相互の「財産交換」を申し出て、相手が応じるか、あるいは裁判によって認められれば、財産交換の上で負担を履行するというものである。ただし、実際に財産交換が行なわれた事例は記録に残っていない。

（2）たとえば「ソプロニスコスの子のソクラテス」のように、名前に父称を添えた呼称が公式のものとされ、ときにはさらに所属区名（ソクラテスの場合には「アロペケ区」）が付加された。

（3）以下に「夫人」「妻」などとしたのは原文ではすべて「女 *γυνή*」である。また、当時のアテナイの通例として、夫も他人も人前で妻女の名前を公然と口にすることはしない。

（4）当時は男性は三〇歳を越えてから、女性は一四、五歳で結婚するのが一般的であった。

（5）女性が家の奥に引きこもって日々を送っていることが分かる。羊毛作業・織物はもっぱら女性の携わるものであり、それに精通することが最も基本的なたしなみとされていた。

きだとあなたに思われるでしょうか。もっとも、胃の腑を満たすことについては（1）（と彼は言った）、まことに立派に教え込まれてやってきましたがね、ソクラテスさん。それこそが男にとっても女にとっても最大の教育内容だとわたしには思われます」。

七　「で、その他のことは」とわたしは言った、「イスコマコスさん、あなた自身が夫人に教えて、彼女が管理するに相応しい物事について十分間に合うようにしたのですか（2）」。

八　「ええ、ゼウスに誓って」とイスコマコスは言った、「ただし、まずは犠牲を捧げて、夫婦二人にとって最善のものごとをわたしがうまく教えられますように、そして妻がうまく学べますようにと祈った上でのことですが」。

「きっと」とわたしは言った、「夫人もまたあなたと供犠を共にし、同じ祈りを捧げたのですね」。

「まったくそのとおりです」とイスコマコスは言った、「彼女は自分がかくあるべきだとされるとおりの女性になることを神々に〈祈願するとともに（3）〉固く約束し、また教え込まれたことを軽視するようなことがなかったのは明々白々でした（4）」。

九　「神々のおん前に誓って」とわたしは言った、「イスコマコスさん、彼女に最初に教え始めたのはどんなことだったのか、わたしに話してください。わたしはそのことについて聞きたいのです。最も素晴らしい体育競技や騎馬競走のことを話してくださるのよりも、そのことについてあなたが話してくださるのを聞ければ、いっそううれしいのですが」。

一〇　するとイスコマコスはこう答えた、「どうでしたかねえ（と彼は言った）、ソクラテスさん、彼女がわたしに慣れ親むようになり、家に馴染んで会話が交わせるようになった頃合いに、こんな風に（と彼は言った）、彼女に問いかけてみました。

『ねえお前、一体何のためにわたしはお前を娶り、お前の両親はお前をわたしに託したのか、もうよく分かっているだろうか。一一 というのも、誰か他の人と床を共にすることに何の困難もなかったはずだということはお前にも明白だね。そのことは分かっている。しかしわたしとしては自分のために、またお前の両親はお前のために、誰と家を共に分かち合い生まれてくる子供たちを共に分かち合えば最善であるかをよく考えて、わたしはお前を選び、お前の両親は、どうやら、いろんな可能性の中からわたしを選んだのだ。一二 子供たちのことについては、いずれもし生まれることを神が赦すならば、そのときになってから、彼らをどんな風に教育するのが可能なかぎり最善であるかを考えるとしよう。可能なかぎり最善の共闘仲間と老後の世話人を得ることは、われわれ二人が共に分かち合うべきよきことだからね。しかし、今はこの家が共に分かち合うべきものだ。一三 つまり、わたしのほうはわたしの持ち物のすべてを共有物とすることを明言しているし、お前もまた持参したものを全部共有物として差し出した。だから、われわれ二人のどちら

(1) 食事・食物は女性の管括であった。

(2) 以下、家政管理に妻を積極的に参加させ、その役割を重要視しているイスコマコスの考え方は、当時のアテナイにあってはある種の革新性を持ったものである。

(3) 底本に従って補訂。

(4) 各家ごとの宗教や宗教行事はむろん男性主人の管掌下にあった。ここでのように供犠や祈願に際して妻を対等に遇していることは、イスコマコスの夫婦観を象徴的に物語っている。

が数字的により大きく貢献したかを数え上げるべきではなくて、むしろよく知るべきは、われわれ二人のうちでどちらかよりよき協力者たる人こそがより大きな価値のある貢献をするのだということです[1]』。

一四　それに対して妻は、ソクラテスさん、わたしにこう答えました、『どうしてこのわたしがあなたの（と彼女は言った）手助けをするなどできましょうか。どんな能力がわたしにありましょうか。万事はあなた次第です。わたしの役割は身の程をわきまえることだと母が言っていました』。

一五　『いかにも、ゼウスに誓って』とわたしは言った、『妻よ、わたしの父もそう言っていましたからね。しかし、男であっても女であっても、自分の持ち物をできるだけよくあるように保ち、また他のものが立派で正しいやり方でできるだけ多く殖えていくようにするのが身の程をわきまえることになるのだよ』。

一六　『ではわたしが何をすれば』と妻は言った、『家産を殖やす手助けができるとお考えですか』。

『いかにも、ゼウスに誓って』とわたしは言った、『神々が生まれつきあなたにできるようにしてくれたこと、そして法の認めていることを、できるだけよくやってみるようにすることです』。

一七　『でもそれはどんなことでしょうか』と妻は言った。

『わたしは思うのだが』とわたしは言った、『それはけっして些細な意義しかないようなことではないのだよ。少なくとも蜜蜂の巣を取り仕切っている女王蜂の役割[2]がごく些細な意義のものでしかないとするのでないかぎりはね。一八　というのも、わたしに思われるに、（と彼は言った）、神々は大いなる深慮の下に、妻よ、雄と雌と呼ばれるところの組み合わせを、もっぱらその共同関係のために最も有益なものとして結び合わせたのだ。一九　つまり、まず第一には、もろもろの動物の種族が途絶えないようにと、この組み合わせがお互い一緒になって子供作りをする。そして次には、この結び合わせによって、彼ら自身の老後の世話をしてくれるものを確保することが、少なくとも人間にはもたらされる。次には、人間の生活は、家畜が青天井の下で暮らしているような具合には行かず、覆いのある場所を必要とするのは明らかです。二〇　しかしまた、その覆いとなる家屋にものを運び込んで保有しようとする人間には、青天井の下での労働をする者がいなければならない。土地の掘り起こしや種蒔きや植え付けや家畜に草を食ませることなどはすべて青天井の下での作業なのだし、これによって生活必需品が得られるのですから。二一　そして、それらのものが家屋内に運び込まれると、今度はそれらを保存する人や家屋内で行なうべき仕事に従事する人が必要とされる。また、幼い子供の養育にも、収穫物から食べ物を作るのにも[3]覆いとなる家屋が必要だし、同様に羊毛から布地をこしらえる仕事にもそれが必要である。二二　これら双方共に、すなわち屋内での物事も屋外での物事も労働と監督が必要であるところから、それに応じた生まれつきの特性を（と彼は言った）神はたちどころ

（1）結婚・夫婦関係について人生におけるパートナーシップを基本に置く考え方は、当時においては、きわめて斬新なものである。

（2）妻の役割を蜂の巣における女王蜂になぞらえることについては、本章三三―三四、三八でさらに述べられる。

（3）「収穫物（καρπός）から食べ物を作る（σιτοποιία）」としたが、実際には「穀物（麦）からパンを作る」ことを意味する。パンないしパンケーキには小麦パン・大麦パンの他にもさまざまな穀類が用いられた。

に準備して、とわたしは思うのだが、屋内での仕事と監督を女性の特性、〈屋外での仕事と監督を男性の特性[1]〉として配したのだよ[2]。

二三　つまり極寒や猛暑や長旅や軍務に対しては男性の身体と魂がよりよく耐えられるようにして、したがって屋外の労働は男性に振り当てた。他方、女性にはそれらに対して身体が耐えられる力をより弱い程度に生ぜしめ、屋内での仕事を（と彼は言った）神は割り当てたと、わたしには思われる。二四　そして、女性には幼い子供の養育に携わることを本性のものとして課し、そのために幼い子供を慈しむ情を、男性に対して以上に多く分け与えた。二五　また、家に運び入れたものの保存の仕事を女性に課した神は、保守することにかけては怖がる気持ちがけっして悪いものではないことから、女性に対して、男性によりもより多くの割合の恐怖心を分け与えた。他方、屋外での仕事を担当する者は、不正を働こうとする者があれば、追い払う必要があることから、より多くの割合の勇猛さを分け与えた。二六　しかし、男女両性は与えかつ受け取る関係になければならないので、記憶力と注意力は双方に偏りなく付与した。だから、これら二つのものについては雌雄の性別のどちらがより多くを占めているかは峻別できないであろう。二七　自制するべきものごとについて自制的であることもまた神は両性に偏りなく付与し、男性であろうと女性であろうといずれであってもその徳により秀でた者が、それからもたらされるよきもののより多くを受け取る権限を定めた。二八　しかし、両性の資質が生まれつき万事に対して同じものにはなってはいなかったので、それゆえに男女はよりいっそうお互いを必要とし、一方の足らざるところも他方が能力を発揮することで、その結び合わせがそれぞれ自身にとってより有益なものとなっているのだね。

二九　さて（とわたしは言った）、妻よ、神によってわれわれ二人のそれぞれにどんなことが振り当てられたのかが分かったところで、われわれはそれぞれになすべきことを最もよく成し遂げるように努めなければならない。三〇　そして、法律習慣もまた（と彼は言った）、男性と女性を一対とすることによって、今述べてきたようなことを是認している。そして、神が男女を子供作りの共働者としたのと同様に、法律習慣は男女を家産管理の共働者と定めているのだよ。さらにまた、法律習慣は、神が両性のそれぞれによりすぐれた能力を生まれつき与えた領域での仕事に携わるのを立派なこととしている。つまり、女性には戸外での生活よりも屋内にとどまっていることのほうをより立派だとし、しかし男性には屋内にとどまっていることのほうを外で仕事に当たるよりも恥ずべきことだとしているのです。三一　もし誰かが神によって生まれつき与えられた務めに反したふるまいをすれば、おそらく秩序を乱すその行為は神々の目を逃れることはできず、自分のなすべき仕事を怠ったたり女性の仕事に手出しした廉《かど》で罰を受けることになる。三二　思うに（とわ

（1）〈 〉は底本と同じくStephanusの補訂を読む。

（2）本章におけるイスコマコスの見解には、当時の慣習的な夫婦それぞれの役割がそのまま踏まえられているように見えるが（プラトン『メノン』七一Eでは、メノンがあたかも自明のことのように、「女の徳」とは「家のなかを安全に守り夫にしたがいながら、家をよく治めなければならないということ」と規定している）、イスコマコスはそれら双方の相互性・協同性を強調していることで、大きな相違がある。

たしは言った）蜜蜂の群れを率いている女王蜂[1]もまた、人間の女性のするような仕事を神から命じられて頑張ってやっているのだよ』。

『と言いますと』と妻は言った、『どんな仕事が蜜蜂の群れを率いている女王蜂にはあって、それがわたしのなすべき仕事とよく似ているのでしょうか』。

三三 『それは』とわたしは言った、『女王蜂は巣の中にとどまっていながら、蜜蜂たちが怠けないようにさせて、外で働くべき蜜蜂を仕事へと送り出し、それらの一匹一匹がどんなものをどれほど運び込んでくるかを知って、それを受け取り、それを使う必要が生ずるまで保存しておく。そして、いざ使うべき時期がやってきたら、それを一匹一匹に公平に分配してやるのだよ。三四 また、女王蜂は巣の中に巣房を組み上げていく作業をも取り仕切って、それが見事に素早く行なわれるようするし、子供が生まれたら、うまく生育するように世話をする。そして子蜂が育って、労働に適するようになると、次世代の蜂たちの統率者とともに、それらを巣別れさせる』。

三五 『するとわたしも』と妻は言った、『そうしたことをしなければならないのでしょうか』。

『むろんお前は』とわたしは言った、『屋内にとどまっていなければならず、外で仕事に就くべき召使いたちをまとめて送り出さなければならないし、三六 他方屋内での仕事をしなければならない召使いたちはお前が指揮監督しなければならない。そして、運び込まれてきたものを受け取り、それらのうち消費すべき分はお前が案分しなければならないし、余剰として残すべき分は、先を見通して一年分の消費にあてられる分を一ヵ月で消費するようなことのないように、見張らなければならない。そして、羊毛がお前のところに運び込まれてきたら、外衣を必要とする者にはそれが行き渡るように手配しなければならない。また、乾燥穀物がいい状態の食料となるよう注意を払わなければならない。三七　しかし、お前が注意を払うべきものごとの一つとして』とわたしは言った、『おそらく歓迎すべきこととは思われまいが、召使いのうちの誰かが病気に罹ったとしたら、その者たち全員が看病してもらえるよう、お前が気を配らなければならない』。

『ゼウスにかけて』と妻は言った、『それはもうこの上なく大きな喜びですよ、もしもきちんと看病された者たちが感謝の気持ちを抱き、以前よりもさらに従順になってくれるのであれば』」。
三八　「そこでわたしは」とイスコマコスは言った、「彼女の返答に感心してこう言ってやりました。『きっと、妻よ、蜂の巣を統率している女王蜂の場合にも、何かそのような気配りがあればこそ、蜜蜂たちは女王蜂の言うことをよく聞くようになっていて、いざ女王蜂が巣を立ち去るとなれば蜜蜂たちの一匹たりとも居

(1) 女王蜂の比喩についてはここ（三二―三三節）の他、本章一七、三八、および第九章一五参照。また『キュロスの教育』第五巻第一章二四ではペルシア大王が蜜蜂の巣のリーダーになぞらえられている（同第四章二四参照）。蜜蜂の巣における女王蜂の役割は、一家の妻の役割として、もっぱら屋内に留まって子供を産み育て、家内労働を指揮監督して収穫物の食品加工や家内製造品（とくに織物）の生産に当たらせることときわめて的確な類比をなしている。なお、蜂の巣のリーダーが雌（女王蜂）であるという事実は古代ギリシアでは必ずしも明確になっていない。プラトン（『国家』第七巻五二〇B、『政治家』三一〇E）、アイリアノス『動物奇譚集』第五巻一〇―一一では男性形であるし、アリストテレス『動物誌』第五巻第二十一章五五三a一八以下には、雌雄両方の説があるとされるとともに、アリストテレス自身は雄蜂と考えている。

残るべきだとは思わずに、全部が付き従っていくのではないだろうか』。

三九　すると妻はわたしにこう答えました。『驚くべきことでしょうよ（と彼女は言った）、もしも統率者の仕事がわたしよりもむしろあなたのものというのでないとしたら。――屋内の物品を管理し分配する仕事など、もしもあなたが外からものを運び入れるよう差配しなければ、思うに、何かお笑い種でしかないようなものでしょうから』。

四〇　『しかし』とわたしは言った、『わたしの運び込みの仕事も、運び込まれたものを誰かが保管してくれなければ、やはりお笑い種でしかないだろうよ。分かりますよね』とわたしは言った、『諺にもあるように、《穴の空いた甕に水を汲む[1]》者たちは何と哀れみを買うことかが。彼らは無駄な骨折りをしていると思われるからだよ』。

『ゼウスにかけてそのとおりです』と妻は言った、『そんなことをしているとすれば、惨めな人たちなのですから』。

四一　『いいかね、他にも』とわたしは言った、『お前が自分でなすべき差配には喜ばしいことが、妻よ、あるのだよ。糸紡ぎの心得のない女性を受け入れてその心得をつけさせることで、彼女がお前にとって二倍の値打ちのある者となる場合もそうだし、家事管理や召使いの仕事の心得のない女性を雇い入れて、その心得をつけさせ、信頼するに足る召使いにすることで、途方もないほどに価値のある女性をお前のものにする場合もそうだし、あるいはまた身の程をわきまえ、お前が家を維持していく上で役に立つ召使いたちにはよくしてやる権限を振るい、劣悪な者だと分かったならば罰を与える権限を振るう場合もそうだ。四二　しかし何にも増して最も喜ばしいのは、お前がわたしよりもすぐれていることが示され、わたしをお前の従者にさせるようになることだ。そうすれば、お前が年をとるにつれて家の中でだんだん尊重されなくなるのではないかと怖れる必要はなく、むしろ年をとるにつれて、わたしにはよりよき共働者、子供たちにはよりよき家の守り手となる分だけ、それだけいっそう家の中で尊重されるようになることだろう。四三　というのも、《立派ですぐれたあり方》が』とわたしは言った、『人間に付け加わっていくのは若盛りのゆえではなく、生活の中で示される徳のゆえなのだからね』。

――思い出してみると、ソクラテスさん、最初に彼女と話し合ったのはこんなことだったと思われます」。

第八章

一　「で、イスコマコスさん」とソクラテスは言った、「その話し合いによって彼女がいっそう家の差配に

(1) 徒労に終わる労苦について言われる諺で、ダナオスの娘たちの故事を踏まえている。神話上エジプトから移住してアルゴス王となったダナオスの五〇人の娘たちは、王の双子の兄弟でエジプト王の五〇人の息子たちとやむなく結婚するが、その夜に一人を除き四九人が相手の男性を刺殺する。生き残ったリュンケウスはのちに娘たち全員を殺害し、冥府に落ちた彼女らは犯した罪の報いとして底に穴の空いた甕に水を満たす果てしない労役を課されているとされる。

身を入れるようになったのが、はっきり認められましたか」。

「はい、ゼウスに誓ってはっきり認められましたし」とイスコマコスは言った、「さらには、運び込まれたものの一つをわたしが求めたときにそれを渡すことができなかったというので、彼女が気に病んでひどく赤面したことも分かっています。二　そこで、彼女が思い悩んでいるのを目にしたわたしはこう言ってやりました。『少しも（とわたしは言った）気落ちすることはないのだよ、妻よ、それらのうちでたまたまわたしの求めたものをよこせなかったというのでね。なるほど、あるものが必要になったのにそれが使えないというのは、明らかに困窮には違いないが、しかし何かを探しているのにそれを手にできないということは、それがないことが分かっているのでそもそも探しもしないということよりも苦痛の少ない欠乏状態でしかないのだ。それにね（とわたしは言った）、そうなったのはお前のせいではなくて、わたしがそれぞれのものをどこに置くべきかを指示して、どこに仕舞いどこから取り出すべきかをお前に分かるようにして渡さなかったからなのだ。三　しかし、妻よ、人間にとって整理整頓ほど有益でよいことは一つもありません。たとえば、合唱隊も多数の人間から結成されているのだが、その各人がめいめい勝手にふるまった場合には、それは混乱を呈して見た目にも不快なものだが、規律立った仕方でふるまい、声を発する場合には、それら同じ人びとなのに見物に値するとともに聞くに値するものと思われるのである。四　また軍隊にしても』とわたしは言った、『妻よ、無秩序であれば、混乱しきっていて、敵にはごく容易に打ち負かされ、味方には見た目に無様でまったく役に立たないのだ、――驢馬も重装兵も荷駄役も軽装兵も騎兵も戦車もごた混ぜになっていたのではね。というのも、そんな状態になっていながらどうやって進軍するのかね。お互いに妨げ合って、歩行する者は駆け足する者を、駆け足する者は停止している者を、また戦車は騎兵を、驢馬は戦車を、荷駄役は重装兵を邪魔することになるとしたら。五　また、いざ戦うべしということなったら、そんな有様でどうやって戦うことができようか。全軍のうちには攻撃してきた敵から逃れなければならない部隊もあるが、彼らが逃れようとして武装部隊を踏みつぶしてしまうことも十分起こりうるのだから。六　整然とした軍隊は味方にとって見た目にきわめて美しく、敵にとってはどうにも手に負えないものである。というのも、味方の誰が多数の重装兵が整列して行軍するのを眺めて喜ばないだろうか、騎兵が隊伍を整えて駆けていくさまに賛嘆しないだろうか、どの敵兵が、重装兵部隊と騎兵部隊と軽楯兵部隊と弓兵部隊と投石部隊とがきちんと隊列を組んで、それぞれの部隊の司令官に整然と付き従っていくのを見て恐れおののかないでいられようか。七　いや実際、秩序立って進軍している場合には、たとえ何万人であったにしても、あたかもただ一人の人間であるかのごとくに、全員が粛々と進軍していく。〔前列が前進して〕できた空隙に後列の兵が間断なく進み出ていくからである。八　そしてまた、人をぎっしり乗せた三段櫂船(1)が敵には怖れられたり、味方には素晴らしい眺めだったりするのは、それが高速で航行するからだという以外に何か理由があるだろうか。また、どうして乗組員たちがお互いにぎくしゃくしないでいられるのだろうか。それは彼らが整然と着座し、整然と前傾姿勢を取り、整然と後傾姿勢を取り(2)、整然と乗船下船を行なうからに他ならないね。九　その無秩序というのは、わたしに思われるところ、農夫であれば、大麦と小麦と豆を一緒くたにしまい込ん

(1)三段櫂船については一七頁註(1)参照。

(2)漕ぎ手の動作を表わしている。

でおいて、いざ大麦パンなり小麦パンなり(1)、あるいは何か美味いものを作るべきときになって、その農夫は使いやすいように分別されている材料を取り出せずに、より分けなければならない場合のようなことだ。

一〇　だからお前も、妻よ、もしもこうした混乱を欲せず、所蔵物をきちんと管理する術《すべ》を心得たいと考え、それらのうちどんなものを用いる必要が生じたにせよそれを易々と取り出し、またわたしが何かを求めたときにもそれを手渡して喜ばせてやりたいと考えるのであれば、それぞれの物品が占めるにふさわしい場所を選定し、そこに収納した上で、下女にそこから取り出しまたそこへ戻すように教え込むようにしようではないか。そうすれば、われわれは何が安全に保管され、何がそうなっていないかを知ることができよう。なぜなら、置き場所そのものがあるべきものがそこにないことを告げてくれようし、また一見するだけで、気配りの足りないところを察知できようし、それぞれのものがどこにあるかが分かっていることで、素早く手にすることができるので、使用するのに困惑することもないであろう』。

一一　ところで、以前いつだったか、わたしが最も素晴らしくまた精緻を窮めた仕方で諸備品が整頓されているのを見たと思ったのは、ソクラテスさん、フェニキアの大きな商船に見物のために乗ってみたときのことでした(2)。というのも、きわめて多数の備品がごく小さな収納場所に別々に分けられているのを目にしたのです。一二　つまり、きっとお分かりのように（と彼は言った）、船というのは多数の木製用具や牽索用具によって停泊したり出航したりしますし、多数の操帆具と称されるものによって航行するのですし、多数の装置によって敵の船舶に対して防御もします。多数の武器を乗組員用として備えています。また家にあって人びとが会食の度に使用するだけの用具のすべてを揃えてもいます。さらに、それら以外にも、船主が利益を上げようと積み込んだ荷物に溢れかえっている。一三　しかも、わたしが言っているもののすべてが（と彼は言った）寝椅子十床(3)がうまく収まる船室とさほど変わらぬ大きさの場所に置かれていたのです。そして、それぞれのものは、お互いに妨げ合うことのないように、いちいち探す必要のないように、乱雑にならぬように、しかも、荷ほどきに手間取らないで、何かを至急使用する必要が生じたときには遅滞することのないように収納されているのがよく分かりました。一四　また、船長直属の部下は船の《船首見張り役》と呼ばれていますが、その人は個々の場所に精通していて、たとえその場にいなくても、どこにそれぞれのものが置かれ、どれだけの量のものがあるかを、あたかも文字に精通している人が《ソクラテス》という名前はどれだけの文字数でそれぞれの文字がどこに配されているかを言うことができるのとまったく同じように、言

(1) 大麦パン（μᾶζα マーザ）は大麦素材で団子状の黒パン、小麦パン（ἄρτος アルトス）は小麦素材で円盤状の白パン。後者は富裕層向けの高級品であった。

(2) 当時、ペイライエウス（アテナイの港）などでは停泊中の外国船を見物する機会は頻繁にあった。

(3)「寝椅子十床（δεκάκλινος デカクリーノス）」は、日本語の「十畳間」と類似した表現で、「寝椅子一床」は部屋の広さを表わす単位のように用いられているのか。『酒宴』第二章一八参照。なお Pomeroy は *δεκακλίνῳ* を *ἐνδεκακλίνῳ* に代えて「寝椅子一一床」としている。この大きさの部屋の場合、三方の壁面に三床ずつ、残り一つの壁面には出入り口を確保するために二床が配置されるはずだからである。

うことができるのです。一五　そして、見ていると（とイスコマコスは言った）、彼は暇ができると船内で[1]使用する必要のあるもののすべてを点検しているのです。わたしは（と彼は言った）彼の検査ぶりに驚嘆して、『何をしているのですか』と訊ねました。彼が言うに、『検査しているのです（と彼は言った）、異国のお方よ、何か異常が起きていないか、船内の物品がどんな風に置かれているか（と彼は言った）、何か紛失したり、あるいは何か無様にごった返したりしていないかを。一六　なぜなら（と彼は言った）、洋上で神が嵐を送ってきたときには、必要なものを探し回ったり、ごった返した状態になっていたりすればそれを手渡したりする時間の余裕がないからです。神は注意を怠っている者たちを脅かし、懲らしめるのです。もしも神は間違いを犯さない者たちを滅ぼさないというのであれば、それだけで大いに喜ばしいことですし、もしもきわめて見事に任務に従った者たちを救済するというのであれば、神に（と彼は言った）大いに感謝すべきです』。

一七　さて、わたしは、この船の装備の精緻さをつぶさに見て、妻に言いました、『何ともこれはわれわれの怠慢ではないか、彼らは船内に、しかも小さな船内にあって収納場所を見つけ、激しく揺り動かされてもなお秩序が保たれるようにして、恐怖に動顛しながらも適宜必要なものを見つけ出して取り出しているというのに、われわれときたら、それぞれの物品ごとに大きな収蔵庫が家の中にあり、家は堅い地面の上にどっしり位置していながら、物品のそれぞれにきちんとした見つけやすい場所を見いだしてやれないというのでは、ね。

一八　物品の備えがきちんと整理されているのは何といいことか、そして物品のそれぞれについて、それぞれにとって具合のいいようにしまっておく場所を家の中に見いだすことは何と容易であることかは、これでもう話し終わった。一九　種々とりどりの履き物が揃えて並べられているさまは何と美しく見えることか、種々とりどりの衣服がきちんと分けられているのを見れば、何と美しいことか、さらには毛布も美しく、銅の器も美しく、食事用の器物も美しい。そして、何をおいてもとりわけこんなことを言えば、深くものごとを考える人の嘲笑を買うことはけっしてなく、嗤うのは小才の利いた輩だけだろうが、わたしに言わせれば、壺や甕のたぐいでさえも整然と並べておかれていれば、優美に見えるのだよ。二〇　となれば、他のどんなものでも、きちんと整理されていれば、よりいっそう美しく見える。それぞれの備品群は個々の備品が集まった合唱舞踏隊のようなものであり、それぞれの備品群はそれとして他と関わりなく置かれているのだが、それらすべての間の空場所もまた美しく見える。それはちょうど輪舞している合唱舞踏隊(2)がそれ自体として美しい眺めであるのみならず、その間の空場所も美しく清浄に見えるのと同じようなものだ。

二一　わたしの言っていることが正しいかどうかは、妻よ、何の代償も払わずとも、あるいはこれと言って大した苦労をしなくても試してみることができますよ。そしてまた、妻よ、（とわたしは言った）それぞれのものの置き場所を習得してそれぞれのものを部類分けして収納することを覚え込む見込みのある人を見つけ出すことは困難だというので気落ちするには及ばない。二二　というのも、むろんわれわれには分かっ

（1）「船内で（ἐν τῷ πλοίῳ）」は、あるいはむしろ Cobet に従って「航海中に（ἐν τῷ πλῷ）」を読むべきか。

（2）神（主としてディオニュシオス）の祭壇のまわりで整然とした輪になって演舞する様子が言われている。

ていることだが、この国全体にはわれわれ二人が所有しているものの一万倍もの総量のものがあるが、それにもかかわらず、お前がどのような召使いに命じて公共広場から何かを買い求めて持ってくるように言っても、誰一人途方に暮れることはなく、全員がそれぞれのものを手に入れるのにどこへ行けばいいかを、明らかに知っているだろう。その訳はね、（とわたしは言った）それぞれのものがきちんと定まった場所に置かれているからに他ならない。二三　しかし人間捜しとなると、しかもときには相手方も逆にこちらを捜しているのに、見つけ出す前に断念してしまうこともしばしばだ。そしてその理由はそれぞれの人がどこで待っているべきかがきちんと定まっていないからに他ならないのだよ』。

――さて、諸備品の整理整頓とその効用について妻と話し合ったのは、たしかにこのようなことだったと記憶しているように思います」。

第九章

一　「それでどうでしたか」とわたしは言った、「イスコマコスさん、夫人はあなたが一所懸命に教え込もうとしたことをきちんと聞き入れてくれたと思われましたか」。

「むろんですとも。彼女は注意を払うよう約束してくれましたし、しかも、まるでお手上げ状態を脱する何かいい方策を見いだしたかのように、明らかにとても喜んでいました。そして、わたしが言っていたとおりの整理整頓に早速にも取りかかるよう、わたしに懇請したのです」。

二　「それで、どんな風に」とわたしは言った、「イスコマコスさん、彼女に整理整頓してみせたのですか」。

「それはもう、まずは彼女にこの家の出来具合を示してやるべきだと思いました。というのも、ソクラテスさん、この家はたくさんの装飾[1]で飾り立てられてはいず、むしろ各部屋は、そこにしまわれることになっているものにとってできるだけ具合のいい収容場所となるようにという、まさにそのことを念頭に拵《こしら》えられ、したがって各部屋はそこにうまく見合ったものだけの専用になっていたのです。三　夫婦の寝室[2]は安全に防護された場所にあるので、最も高価な敷物や備品が設《しつら》えられていましたし、屋内の乾燥した部屋は穀物用、涼しい部屋はワイン用、そしてよく明かりの当たる場所は光を必要とする仕事や器具用になっていました。四　そして人間の居住用の各部屋を彼女に見せました。それらはきらびやかに装飾され、夏は涼しく、冬は暖かかになっています。それから、家屋全体を、それが南向きに開《ひら》けていて、したがって冬にはよく日が当たり、夏にはいい日陰になるのが一目瞭然であるところを[3]、彼女に見せてやりました。五　それから、

（1）主として壁面や天井などに施された漆喰細工や彩色が言われている。『ソクラテス言行録』第三巻第八章一〇参照。

（2）θάλαμος はホメロスでは一般に「貯蔵庫」を意味するので、Marchant はそう解し、それに従う解釈も多いが、「寝室」の意もあり、次に「最も高価な敷物や備品が設えられ」とあることから、Holden, Chantraine, Pomeroy らに従い、「（夫婦の）寝室」と解する。

（3）家を南向きに建てることについては『ソクラテス言行録』第三巻第八章九をも参照。

女性居住区域をも彼女に見せました。そこは閂《かんぬき》止めのついた扉で男性居住区域と区切られていて、その内部から持ち出されてはならないものが持ち出されないように、あるいはわれわれの承認なしに召使いたちが子供を儲けないようにしてありました。善良な召使いならば、多くの場合、子供を儲けることでいっそう誠実になるのですが、性《たち》の悪いもの同士が一緒になると、より容易に悪事を働くようになるからです。

六　さて、われわれはこれらを一渡り見て歩いたところで、（と彼は言った）家財道具の部類分けをしました。まずはじめに（と彼は言った）供犠のために使用する用具を取り集めました。その次には祭礼に着飾る女性用の衣装、男性用の衣装で祭礼のためのものと軍事のためのもの、そして女性居住区域用の毛布類、男性居住区域用の毛布類、女性用の履き物類、男性用の履き物類を取り集めました。七　さらに武具の類い、糸紡ぎ用の器具の類い、パン作り用の器具の類い、料理用の器具の類い、洗濯のための器具の類い、パンの材料を捏ねるための器具の類い、食卓用の器具の類いを、それぞれ別々に取り集めました。そして、これらすべてを、普段日常に使用するべきものと祭礼用のものとに分けました。八　われわれはまた、月ごとに消費するものを別々に取り分け、それとは別に一年分の量を見積もったものを分けて貯蔵しました。こうすれば、当該期間の終わりまで保たせるための目処《めど》が立てやすいからです。すべての家財道具を部類分けし終えたところで、それぞれのものを所定の場所に配分しました。九　次に、諸用具のうちで召使いたちが日常的に使用するもの、たとえばパン作り用の器具、料理用の器具、糸紡ぎ用の器具、その他それに類したものは、それらを使用する当の者たちに、それぞれどこにしまっておくべきかを指示して、彼らに委《ゆだ》ね、安全に保管しておくよう命じました。一〇　そして、祭礼用のものや客人接待用のもの、あるいは時をおいてたまの行事に使うものは、女中頭に委ねることにして、それらの置き場所を指示し、それぞれの物品の数を数えて書き記したうえで、それらのうちそれぞれを必要とする者に与えるように、そして誰に何を与えたかを記憶しておくように、そして戻してもらったらふたたびそれぞれのものを取り出した元の場所に片づけておくようにと、彼女に伝えました。

一一　女中頭を任命するに際してわれわれが考慮したのは、飲食や睡眠や男性とのつき合いにおいて最もよく自制が効いていると思われる者であること、そしてそれに加えてとりわけすぐれた記憶力を有していると思われる者であること、さらには怠慢によってわれわれの不興を買わないように気を配っていると思われる者であること、何かわれわれに好感を持たれてわれわれから見返りを受けようと考えを巡らせていると思われる者であること、といった点でした。一二　われわれは、その女性がわれわれに対して誠実であるように教え込み、われわれが喜ばしいときには喜びを分かち合い、厄介事があるときには悩みを共にするようにしました。また、家産を殖やすことに熱意を持つことをも彼女に教え、そうしたことに通じるようにさせるとともに、成果が上がればそれを彼女と分かち合うようにしました。一三　さらには、正しい人たちを不正な者たちよりも尊重し、正しい人たちは不正な者たちよりも裕福で自由な生を営んでいることを示すことによって、彼女に正義の念を植え付けました。こうして彼女を女中頭の地位につけたのでした。

一四　これらすべてのことを終えたところで」と彼は言った、「ソクラテスさん、わたしは妻に、これらのことすべては、この秩序がすみずみまでずっと保たれるよう彼女自身が監督していかなければ、まったく無益であるむねを伝えました。また、よく治まっている国家においては、立派な法律が文書化されているというだけでは国民が満足するとは思われず、彼らは護法官[1]をも選出し、選ばれた者たちが見張りをして法に適った行ないをする者を称賛し、法に反した行ないをする者があれば、その者を罰するものだ、とも彼女に教えました。一五 ですから、妻に対し」と彼は言った、「自らを我が家における護法官と見なすように促し、そして彼女がそうすべしと思うときには、あたかも部隊司令官[2]が守備隊を検分するように、家財道具を検分し、あたかも評議会[3]が馬と騎兵を点検するように、家財道具の一つ一つに問題がないかどうかを点検し、またあたかも女王のように、称賛や栄誉に値する者には、彼女が現に有している手立てによって称賛し栄誉を与え、叱責したり罰したりする必要がある者には叱責や罰を与えること、とさせました。

一六 それに加えてさらに彼女に教え諭したのは」と彼は言った、「われわれの所有物について召使いたちに対してよりもより大きな面倒を彼女に課しているからと言って、腹を立てるのは正しいことではない、ということでした。わたしは、召使いたちが主人の財物に関与しているのは、ただそれらを運搬したり世話をしたり管理したりすることについてだけであり、主人が許可したもの以外は、使用することには彼らの誰一人として与っていないのであり、すべては主人のもので、どれを使用に供しようと彼の思うがままである、ということを指摘してやりました。一七 したがって、財物が保全されれば最大の益が、それが損なわれれば最大の損害がもたらされる、その当の人にこそ、監督の務めもまたことさらにかかってくるのだということを、明白に示してやったのです」。

一八 「それでどうでしたか」とわたしは言った、「イスコマコスさん、夫人はそれを聞いて、いかほどなりとあなたの言ったことを聞き入れてくれましたか」。

「むろんですとも」と彼は言った、「ソクラテスさん、彼女はわたしにこう言ったのです、――われわれの所有物を監督しなければならないと教え諭すことで、わたしが彼女に過酷なことを課していると思っているのなら、その認識は正しくない。なぜなら（と彼女は言ったとのことである）、もしわたしが彼女に自分の所有物をなおざりにするよう命じたとしたら、自分の所有する善きものを監督しなければならないという場合よりも、いっそう過酷だったことだろう、と。一九 つまり、思うに（と彼は言った）、分別ある女性であれば自分の子供を監督することのほうがなおざりにすることよりも自然の成り行きであるのと同様に、所有物についても、それが自分のものであるのは喜ばしいことで、分別ある女性であれば、それを監督することのほうがなおざりにすることよりも心弾むことなのだと考えますね」と彼は言った。

（1）「護法官（νομοφύλαξ ノモピュラクス）」という官職はスパルタその他各地で実際に任命されていた。プラトン『法律』第六巻七五五A、七七〇C、アリストテレス『政治学』第七巻第八章一三二三a参照。ただしただしアテナイについてはピロコロスが言及しているだけなので（*FGrH* 328F64, IIIb Suppl.）少なくとも古典期にはすでに存在しなかったのではないかと考えられ、もしあったとしても、その権限はごく限定的なものでしかなかったようである。

（2）「部隊司令官（φρούραρχος プルウラルコス）」については二九頁註（2）、第四章一〇―一一参照。

（3）評議会（βουλή ブウレー）による馬と騎兵の点検・適格審査については、『騎兵隊長について』第一巻一三、アリストテレス『アテナイ人の国制』第四十九章参照。

第十章

一　そこでわたしは（とわたし［ソクラテス］は言った）、イスコマコスの妻が彼にそう返答したと聞いて、こう言った、「ヘラ女神にかけて（とわたしは言った）、イスコマコスさん、あなたの言い様からすると、夫人のものの考え方はまこと男性的ですね」。

「たしかに、他のことでも」とイスコマコスは言った、「彼女の大いなる高邁さをあなたにお話ししたい気がします。それは、彼女がわたしから一度聞いただけですぐさま得心してそれに従ったということなのですが」。

「それはどんなことだったのですか」とわたしは言った、「おっしゃってください。わたしにとっては、もしもゼウクシス[1]が美しい女性の似姿を絵に描いてわたしに見せてくれたとしても、それよりも生身の女性のすぐれた様を聞かせてもらうほうが、はるかに心弾むことなのです」。

二　すると、それに応じてイスコマコスが語るに、「では、お話ししましょう（と彼は言った）。あるとき、ソクラテスさん、妻が鉛白[2]をふんだんに塗って実際以上に色白に思われるようにし、アルカネット[3]をふんだんに塗って実際以上に赤い頬に見えるようにして、かかとの高い履き物を履いて、本来以上に長身に思われるようにしている[4]のを目にしたので、——

三　『ねえお前』とわたしは言いました、『妻よ、財産を共通一体とする者としてわたしがどちらのようであったほうが、よりいっそう愛するに値すると判断するだろうか、まさに有しているだけのものをお前に見せて、わたしには実際以上に多くのものがあるのだと言って空威張りすることもなく、所有物の何一つとして隠し込んだりすることもないようにしたものだろうか、それとも実際以上に多くのものを有していると言って欺き、混ぜ物をした銀貨やまやかし物のネックレスやすぐに色あせする紫染めの衣服(5)をホンモノだと称するようにしたものだろうか』。

四　すると彼女はただちに言葉を返して、『何と言うことをおっしゃるのですか。あなたがそんな風になりませんように。もしもあなたがそんな風な人間でしたら、けっして心からお慕いすることなどできはしないでしょう』。

『それならば』とわたしは言った、『われわれは、妻よ、身体的にもお互いに共通一体的であるという意味

---

(1) ゼウクシスは前四六五年頃ヘラクレイア（ルカニアの？）生まれで、当時（前五世紀末）における最も著名で最もすぐれた画家。作品は今日何も残されていないが、陰影を付した写実的絵画技法を大成したと伝えられる。『酒宴』第四章六三、『ソクラテス言行録』第一巻第四章三にも言及されている。

(2) 鉛白は塩基性炭酸鉛を成分とする白色顔料で、いわゆる白《おし》粉《ろい》。褐色の毛を白くするのにも用いられたようである（プラトン『リュシス』二一七D参照）。

(3) アルカネット（あるいはアルカナ）は南欧から地中海沿岸、イランにかけて分布するムラサキ科の多年草植物（学名 *Anchusa tinctoria*）で、初夏に紫色の花をつける。その根から赤色染料を採取した他、薬用やハーブとしても多用された。

(4) 長身は美しさと社会的地位の高さを表わす要件の一つであった。

(5) 紫染めは最も高貴な染色とされ、本来はアクギガイの分泌液で染めたきわめて高価な染織品。

でも[1]一緒になったのではないかね』。

『とにかく世間の人たちはそのように言っています』。

五　『では』とわたしは言った、『今度は身体を共通一体とする者としてわたしがどちらであったほうが、よりいっそう愛するに値すると思われるだろうか、自分の身体が健康で強壮なものであるように、それゆえに正真正銘血色のよいものであるようにと気をつけて、それをお前に供したものだろうか、それとも赤土[2]を肌に塗り目のまわりを肌色色素[3]で化粧して姿を現わして、お前を欺き、見るも触れるもわたし自身の生身ではなく赤土であるようにして、抱きしめてやったものだろうか』。

六　『わたしとしては』と彼女は言った、『赤土に触れるよりもあなたに触れるほうが喜ばしいですし、赤い彩りを見るよりも本来のあなたの色合いを見るほうが喜ばしいですし、彩られた目を見るよりも本来のあなたの健全な目を見るほうが喜ばしいですとも』。

七　『それでは、わたしについてもこう考えなさい』とイスコマコスは言った（とのことである）、『妻よ、わたしも鉛白[4]やアルカネット[5]の彩りを本来のお前の色合いよりも喜んだりしないないのだよ。むしろ、ちょうど神々が馬は馬を、牛は牛を、羊は羊を最も喜ばしいものとさせたように、人間は人間の純然たる身体を最も喜ばしいと思うものなのだ。八　こうした欺瞞は余所の人には何とか見破られずに騙し通せるかもしれないが、一緒に暮らしている人には、お互いに騙し合おうとしても、いつでも必ず見つけ出されるに決まっている。なぜなら、寝床から起き上がってまだ身繕いをし終える前に見つけ出されることもあるし、汗による反駁を受けもするし、涙によって糾弾されもするし、あるいは入浴によってまさにありのままを暴露されることもあるからね[6]』」。

九 ――「で、神々のおん前に誓って」とわたし〔ソクラテス〕は言った、「それに対して彼女は何と答えましたか」。

「いいえ、何も」と彼は言った、「ただこのとき以来けっしてそんなことに手間暇かけることはしなくなり、素のままの、そして彼女に似つかわしい、ありのままの彼女をわたしに見せようとするようになりました。そうして、しかし、わたしに問いかけて、ただ単に美しく見せかけるのではなく、ほんとうに美しくなるのにはどうすればいいのか、忠告してくれるだろうか、と言いました。一〇 そこでしかし、ソクラテスさん、（と彼は言った）わたしが彼女に忠告したのは、いつもまるで奴隷のように座業ばかりしていず、神のご加護の下に、女主人らしい態度で、〔たとえば〕機織りの場に立ったときには、他の者よりよく心得ていることがあれば、それを教えてやり、自分のほうが劣っていることがあれば、それを学び取ってみたり、またパン作りをしている下女に目を向けてみたり、女中頭がものを計り分けているところに立ち会ってみたり、また

(1) 夫婦間の性愛についてもイスコマコスはかなり率直に述べている。

(2)「赤土（μίλτος ミルトス）」は正確には代赭石を粉末化したもので、日焼けした男性の肌の色のように茶色味が強い。

(3)「肌色色素（ἀνδρείκελον アンドレイケロン）」は、さまざまな顔料を混ぜ合わせた化粧品。

(4) 六九頁註（2）参照。

(5) 六九頁註（3）参照。

(6) 汗をかいたり、涙を流したり、入浴したりすれば、化粧が剝がれ落ちて素肌があらわになってしまう。「見つけ出す」「反駁を受ける」「糾弾される」「暴露される」は、いずれも犯罪者の摘発になぞらえて言われている。

あちこち歩いて、それぞれのものが決められたとおりの場所にあるかどうかを点検してみたりするように、ということでした。わたしには、そうすることが監督の役目を果たすことになると同時に歩行にもなると思われたからでした。一一　わたしはまた、小麦粉に水を廻してパン生地を捏ねたり、上衣や毛布を振るってきれいにしたりそれらを畳んだりすることは、いい運動になるとも言ってやりました。また、そういう具合に運動をすれば、食事もより美味しくなるし、いっそう健康にもなるし、ほんとうの意味で顔色もよりよくなるのだ、とも言ってやりました。一二　なお、容貌については、下女と較べた場合、妻のほうがすっきりした粧《よそお》いで、より適切な服装をしていれば、夫の心を惹きつけるようになるもので、とりわけ下女は無理矢理従わされるのに対して妻のほうは望んで喜ばせようとすれば、そうなのです。(1)一三　しかし、いつも勿体ぶって座ってばかりいるのであれば、それでは自らを厚化粧して人をたぶらかそうとしている女たちとの較べ合いに供しているようなものです。——さて（と彼は言った）ソクラテスさん、そうなのですとも、今では私の妻は、わたしが彼女に教えたとおりの、そしていまあなたにお話ししているとおりの用意を整えて日々を送っているのです」。

第十一章

一　それに応じてわたし［ソクラテス］は言った、「イスコマコスさん、なるほどあなたの夫人のなすべきものごとについては、一先ず十分に聞かせてもらったと思いますし、それはあなた方お二人ともに大いに称賛に値するものだったと思います。ところで今度は」とわたしは言った、「どうぞあなたのなすべきものごとについて話してください。あなたはご自分が高名を馳せているゆえんの事柄を述べることに満足を覚えるでしょうし、わたしとしても《立派ですぐれた人物》のなすべきものごとを十二分に聞いて、できることならそれを学び取ることで、あなたから大いなる恩恵を受けることでしょうから」。

二「では、ゼウスにかけて」とイスコマコスは言った、「心底喜んで、ソクラテスさん、わたしがどんなことをしながら毎日を過ごしているかを、あなたに詳しくお話ししましょう。もしもわたしのしていることに何かよくないところがありましたら、それを正してくださるように」。

三「しかし、わたしごときに」とわたしは言った、「どうして《立派ですぐれたものごと》を成し遂げられた人物を正す資格などありえましょうか。しかも、無駄なお喋りにふけり、空中に思いを馳せているかに(2)思われているこのわたし、さらには、これぞ愚の骨頂と思われる非難ながら、貧者呼ばわりされているこのわたしがですよ。四 もっとも、イスコマコスさん、もしもつい先日ニキアスという外国人(3)が所有する馬と

---

(1) 使用人との性的交渉も比較的容易に許容され、あるいは主人の権限とされていたとも考えられる、当時の主従関係を踏まえて言われている。

(2)「無駄なお喋りにふける（ἀδολεσχεῖν アドレスケイン）」「空中に思いを馳せる（ἀεροµετρεῖν アエロメトレイン）」はソクラテスをからかい、あるいは非難する際の決まり文句であった。アリストパネス『雲』一二二五（ἀεροβατεῖν）、一五〇三（ἀεροβατεῖν）、一四八五（ἀδολεσχεῖν）、プラトン『ソクラテスの弁明』一九C（ἀεροβατεῖν）参照。

(3)「外国人」とあるので、当時のアテナイで有名な軍人のニキアスとは別人。

出くわすことがなかったならば、きっとわたしはその難詰にすっかり意気阻喪したことでしょうよ。わたしはその馬のあとに大勢の人たちが見物しながらついて歩くのを見、誰彼となくその馬について多言を費やしているのを聞いていたのです。そこでですが、わたしは馬丁に近づいていって、その馬は金持ちなのかと訊ねてみました。五　彼はわたしを見やって、そんなことを訊ねるのは正気の沙汰ではないとばかりに、こう言いました、『どうして馬が金持ちになれたりするものかね』。まさにそれを聞いたことで、わたしは落胆から立ち直ったのです。馬丁の言ったことからすると、［金を持たない］貧乏な馬でも生まれつきすぐれた性根［魂］を持っていれば、すぐれたものになることが叶うわけですからね。六　それならば、わたしもすぐれた人間になることが叶うものと考えて、あなたのなすべきものごとを委細を尽くして話してください。わたしが聞いて学び取ることができた事柄については、わたしもまた明日からあなたに倣うように心掛けますから」。

七「あなたときたら、からかっているのですね」とイスコマコスは言った、「ソクラテスさん、それでもわたしは、自分がなすべきこととして生涯つづけようとできるかぎり努めていることをお話ししましょう。八　というのも、わたしにはよくよく分かったと思うのですが、神々は人間たちに対して、なすべきことを知り、それを成し遂げるよう配慮をめぐらせることなくしては仕合わせになることを許さず、思慮がありそれに配慮をめぐらせる者でも、ある者には幸福であることを許すが、ある者にはそれを許さないのです。さて、そこでわたしは、まずは神々を崇拝するようにして、願わくば健康であるように、身体が強壮であるように、国家において名誉が得られるように、友人間での好意が得られるように、戦時においては立派な態度で無事を全うできるように、廉直な仕方で富を増やすことができるようにと祈願しても、道理にもとらぬようなふるまいをしようと努めています」。

九　わたしはそれを聞いて、「それはつまり、イスコマコスさん、裕福であるように、そして沢山の金銭を手にして、それらの管理のために多くの面倒を抱え込もうということですか」（と言った）。「ええ、まぎれもなく」とイスコマコスは言った、「あなたのお訊ねになっているそのことが、わたしの関心事なのです。神々を豪華に尊奉し、友人たちが困窮しているときには援助の手を差しのべ、国家が装いを整えられないでいることのないようにわたしの資金でまかなうことは[1]、わたしにとっての喜びなのですから」。

一〇「なるほど」とわたしは言った、「イスコマコスさん、あなたの言われることは立派であり、まさに有力者たる人にふさわしい言です。もちろんですとも。何しろ、他者に頼らなければ生活が成り立たない人は大勢いるのに、自分に足りるだけのものが手に入れられればそれで満足という人も多いのですから。まことに、自分の家を経営管理することができるだけでなく、さらに余剰益をも産み出して、それによって国家の装いを整え、友人たちの重荷を軽くしてやることのできる人たち、そうした人たちを財力豊かな有力者と呼ばずして何としたものでしょう。一一　まあしかし」とわたしは言った、「そうした人たちを称賛するのは、われわれ多くの者にもできることです。あなたに話してもらいたいのは、イスコマコスさん、話の始めに戻

（1）国家が主催する祭礼や劇場園、あるいは戦時における三段櫂船の艤装などのための経費負担などを引き受けること。

って、どのように健康に配慮しているのか、どのように身体の強壮さに配慮しているのかということです。あるいはまたどのようにしてあなたは戦場にあって立派な態度で無事を全うすることが叶えられるのかということです。お金儲けのことは」とわたしは言った、「そのあとで聞かせてくだされば結構です」。

一二 「しかし」とイスコマコスは言った、「わたしの思うに、ソクラテスさん、それらはすべて相互に繋がり合ったことなのです。つまり、人が十分に食事を摂って、きちんとその分だけ身体を動かせば、いっそう健康が保たれ、身体を動かすことで力も付き、戦争に備えた訓練をすればいっそう立派な態度で無事を全うでき、きちんと経営管理の仕事をして怠惰にふけるようなことをしなければ、当然いっそう家産を増やせるものだとわたしは思いますよ」。

一三 「いや、なるほどその点まではあなたの言うことに従いますよ」とわたしは言った、「イスコマコスさん、つまり身体を動かし、経営管理の仕事をして、訓練をする人は、いっそう善きものごとを達成するとあなたが言っているところまではね。しかし、どのような労苦が丈夫さと頑健さのためには必要なのか、またどういう風に戦争に備えた訓練をするべきなのか、どのように経営管理して余剰益を産み出し、それによって友人たちに援助の手を差しのべ、国家を強化するべきなのか、そうしたことを」とわたしは言った、「お聞きできれば、わたしとしては嬉しいのですが」。

一四 「それでは申しますが」とイスコマコスは言った、「ソクラテスさん、わたしは、もし誰かと会う必要がある場合には、必ずその人がまだ家にいるところを捉まえられるような時間に、寝床から起き上がることを習慣にしています。また町に何か所用がある場合には、仕事を片づけながら、それを歩行訓練としても活用しているのです。一五　町へ出かけなければならない用件が何もない場合には、召使いが農場まで馬を曳いて行き、自分は農場までの道程《みちのり》を歩行訓練として活用しています。おそらくそのほうが、ソクラテスさん、体育場の歩行路[1]を行ったり来たりするよりもいいですよ。一六　そして農場に到着したのちは、農夫たちがちょうど植え付け中であれ、休耕地の整備中であれ、種蒔きをしているところであれ、実りの収穫中であれ、その様子をよく点検して、それぞれの作業についてもしも現行よりも何かいいやり方があると分かれば、改善させるようにしています。一七　そののちは、たいていいつも馬に乗るのですが、わたしにできるかぎり戦時に必要不可欠な騎馬の仕方にそっくりの騎馬の仕方をしています。傾斜地や急斜面も、堀割や水路も避けたりしません。ただし、馬がそういう走り方をしてもできるかぎり脚を傷めないように気遣いはしています。一八　それをやり終えると、召使いが馬に転がり運動をさせて[2]から、それを家まで曳いて帰るのですが、そのときついでに、もしわれわれ家族に必要なものがあれば、農場から町［の自宅］まで運搬します。わたしはと言えば歩いたり走ったりしながら帰り、家に着いたら、汗や汚れを掻き落とします[3]。そして

（1）ξυστός（クシュストス）は、体育場の建物に付属した屋根付きの歩行路。平坦に整地され競技の練習や歩行訓練に利用されていた（Liddell & Scott は、この箇所についてイスコマコスの自邸に設けられた歩行路と解している）。

（2）「転がり運動させて（ἐξαλίσας）」は使役したあとの馬をリラックスさせるために、自由に転がり廻らせる（ロールさせる）こと。

（3）労働やスポーツの後に身体の汚れや汗を、「ストレンギス（στλεγγίς）」という長さ数十センチメートルの棒状の木製具で、オリーブ油を塗布しながら、掻き落として清浄にすることが行なわれた。

その後に、ソクラテスさん、食事を摂りますが、[1]日中を過ごすのに空腹にもならず、食べ過ぎにもならぬように分量を加減しているのです」。

一九 「ヘラ女神にかけて」とわたしは言った、「イスコマコスさん、あなたのそうしたなされようには、感心いたします。健康保持と体力増強に心掛けるとともに、戦時に備えての訓練も蓄財への配慮も同時並行的にやっているわけですから、それらすべてがわたしには感嘆の思いです。二〇 しかも、それらのいずれにもあなたが適切に意を用いていることには、十分な証拠があるのですからね。あなたは、神々のご加護あって、ほぼいつでも健康にして強壮なりとお見受けしますし、また乗馬の名手の一人であるとともにきわめて裕福な資産家の一人でもあると言われていることは、われわれの知るところですから」。

二一 「ところがです、わたしがそういうことをしているというのに」とイスコマコスは言った、「大勢の者たちから誹謗中傷を受けているのです。おそらくあなたは、わたしが大勢の者たちから《立派ですぐれた人》と呼ばれていると言うことだろうと思っていたのでしょうが」。

二二 「いや、わたしも」とわたしは言った、「イスコマコスさん、誰かに対して何か対処の必要がある場合に、自分のことを説明したり人に対して説明を求めたりする[2]ことができるようにするために意を用いているかどうかを訊ねてみようとしていたところなのです」。

「あなたにはそうは思われませんか」と彼は言った、「ソクラテスさん、わたしがまさにそのことに、つまりわたしが誰に対しても不正を犯したりはせず、むしろわたしにできるかぎりで、多くの人たちにいいことをしているのだと弁ずることにたえず修練を積んでいるというようには。そしてまた、私的なことで多くの人たちに不正を犯したり、国家に対して不正を犯したりしていて、誰に対してもいいことはしていないような者たちを見つけ出しては告発することに修練を積んでいるようには思われませんか」。

二三　「しかし、そうした事柄を言葉に言い表わすことにも修練を積んでいるかどうか」とわたしは言った、「それについてもまた、イスコマコスさん、はっきりさせてください」。

「むろんのこと、ソクラテスさん」と彼は言った、「言論の修練をせずにいることはけっしてありませんよ。というのも、家隷の誰かが告発役を演じたり弁明役を演じたりするのを聞いて、[3] それに反駁することを試みていますし、あるいは友人たちを判定役にして誰かを非難したり称賛したりもしていますし、あるいはまた何人かの知人たちのあいだに立って、友好的であるほうが敵対的であるよりも彼らにとって有益だと教え諭すよう試みて、仲裁役を努めてもいるのですから。二四　[……][4] 何人かが集まっている場に誰か軍事統率委員［将軍］が一緒にいるときには、彼を査問にかけることもしますし、[5] ある人が不当に有罪判決を受ければ、

---

(1) 当時の食事は朝ないし昼と夕方の一日二回が通例であった。

(2) たとえば法廷での弁明や告発の場合が該当しようが、つづく対話からより多様なケースが含まれているものと思われる。

(3)「家隷の誰かが告発役を演じたり弁明役を演じたりするのを聞いて」は通例の解釈・訳であるが、あるいは「召使いの誰かが（苦情を）訴えたり（自己弁明の）言い訳をするのを聞いて」とするほうがいいか。必ずしもロール・プレイを想定する必要はなく、日常の出来事の中で裁判員になった場合の「修練」をしていると考えることもできよう。

(4) 唐突な asyndeton 構文で、何らかの語句の欠落が疑われる。

(5) ここではこれもロール・プレイであるが、アテナイでは実際に将軍職の期間が終了するごとに、その職務内容について法廷で査問されることになっていた。

その人に代わってわれわれが弁明に努め、またある人が不当に栄誉を受けていれば、お互いに告発し合うこともしています。またわれわれはしばしば評議員会委員になって［なったつもりで］何か実行してみたいことがあれば、それを称賛し、実行したくないことがあればそれを非難することもしています。[1] 二五　しかし、実はもうすでに」と彼は言った、「ソクラテスさん、何度となく自分一人が裁判にかけられたことがあり、どんな罰を受けどれだけ罰金を払うべきか判決を受けたのですよ」。

「誰からですか」とわたしは言った、「イスコマコスさん。そんなことがあったとはつゆ知りませんでした」。

「わたしの妻からですよ」と彼は言った。

「一体それで」とわたしは言った、「どんな弁論を闘わせるのですか」。

「ほんとうのことを言うことがわたしに有利なときは、とても具合よくいくのですが、しかし嘘をつかなければいけないときは、ソクラテスさん、ゼウスに誓って、わたしには弱論を強弁する[2]ことができないのですよ」。

そこでわたしはこう言った、「それというのも、おそらく、イスコマコスさん、嘘をほんとうのことに転ずるなんてできはしないからですよ」。

第十二章

一　「ところで」とわたしは言った、「イスコマコスさん、あなたはそろそろこの場を離れたいと思っているのに、わたしが引き留めているのではないかと……」。

「ゼウスにかけて、そんなことありませんよ」と彼は言った、「ソクラテスさん、わたしは公共広場（アゴラー）の人出がすっかりなくなるまでは、(3)ここを立ち去るわけに行きませんから」。

二　「ゼウスに誓って」とわたしは言った、「あなたは《立派ですぐれた人》という呼称で呼ばれることをおろそかにしないようしっかりと守っているという次第ですね。現にあなたには監督しなければならないものごとがおそらく多々あるのに、外国からの客人たちと申し合わせをしたので、その約束を破らないように、彼らを待ち続けているわけだ」。

「いや、しかしですね、ソクラテスさん」とイスコマコスは言った、「あなたの言われるそちらのほうのこともおろそかにしてはいませんよ。農場には監督者を置いていますから」。

三　「で、イスコマコスさん」とわたしは言った、「監督者が必要になったときには、監督者に適任の人であるかどうかを見極めた上で、その男を買うようにするのですか、ちょうど大工が必要になった場合であれ

（1）これらもすべて実際の裁判や評議員会のための「修練」として行なっている模擬弁論である。

（2）「弱論強弁」は当時の新興知識人たるソフィストの伝授する弁論術に対する批判的な決まり文句。ソクラテスは彼らと混同され誤解されることも少なくなかった。アリストパネス『雲』一一四以下、プラトン『ソクラテスの弁明』一二三Dなど参照。

（3）公共広場（アゴラー）における商店、両替などの営業活動は昼前に終了する。

ば、――この場合についてはわたしにもよく分かることだが――大工仕事のできる人を見つけたかどうかを見極めた上で、その男を雇おうとするような具合にね。それともあなたが自分で監督者を養成するのですか」。

四 「ゼウスにかけて」と彼は言った、「ソクラテスさん、わたし自身が養成するようにしますとも。というのも、わたしがその場を離れているときには、わたしに代わって監督に当たりうる者たらんとするからには、その者が心得ていなければならないことは、まさにこのわたしが心得ていること以外に何がありましょうか。そして、わたしがこの仕事に配慮をめぐらせるに足る者であるからには、わたし自身が心得ている事柄を人に教えることもきっとできるでしょうからね」。

五 「すると、まず第一には」とわたしは言った、「あなたにもあなたの所有物に対しても誠実さを持っていなければならないでしょう、もし彼があなたに代わって補佐するに足る者たらんとするのであれば。というのも、誠実さなくしては監督者に備わるどんな心得がものの役に立ちましょうか」。

「ゼウスに誓って、何の役にも立ちませんとも」とイスコマコスは言った、「ですからね、わたしにもわたしの所有物に対しても誠実であることを、わたしとしてはまず最初に養成するようにしているのです」。

六 「そして、神々のおん前に誓って、どんな風に」とわたしは言った、「あなたの望む相手に、どんな風にしてあなたにもあなたの所有物に対しても誠実さを持つように教え込むのですか」。

「ゼウスにかけて」とイスコマコスは言った、「神々がわれわれに何かよきものをふんだんに恵んでくれるときに、その労に報いてやることによってです」。

七　「するとあなたが言わんとするのは」とわたしは言った、「あなたの持つよきものの分け前に与る者たちがあなたに誠実になり、あなたに何かよきことをするようにと望むということですか」。
「それこそが、ソクラテスさん、誠実さを産み出す最良の手段ですからね」。
八　「しかし、さて彼があなたに対して誠実になったとして」とわたしは言った、「イスコマコスさん、それだからと言って配慮をめぐらせるに十分な者でしょうか。お分かりでしょうが、いわばすべての人間は自分自身に誠実であるのに、しかしその多くはよきものが自らのものであってほしいと思いながら、それらがその人のものになるように配慮をめぐらせる気になろうとはしないものではないですか」。
九　「いや、そのとおりです、ゼウスに誓って」とイスコマコスは言った。「そのような者たちを監督者に任じよう思うときには、配慮をめぐらせることをも教え込みます」。
一〇　「神々のおん前に誓って、どのようにして教え込むのですか」とわたしは言った、「それはどうしても教え込むことのできないことだとわたしは思っていたのです、配慮をめぐらせるようにさせるなんていうことはね」。
「なるほど、」と彼は言った、「誰でも彼でも次々とすべての人に配慮をめぐらせることを教え込むことはできません」。
一一　「では、それなら」とわたしは言った、「どのような人たちにならできるのですか。どうか是非そういう人たちを明瞭に識別してみせてください」。
「まず第一に」と彼は言った、「ソクラテスさん、酒にだらしない者たちでは配慮をめぐらせるようにさせることはできないでしょう。酩酊はなされるべきことのすべてを忘れさせてしまいますから」。

一二 「では酒にだらしない者たちだけが」とわたしは言った、「配慮をめぐらせることができないのでしょうか、他にもそういう者たちはいるでしょうか」。

「ええ、ゼウスに誓って」とイスコマコスは言った、「居眠りにだらしない者たちもです。そういう者は当人が眠りこけてなすべきことをなしえないし、他の者たちになすべきことをさせることもできないのですから」。

一三 「ではどうでしょう」とわたしは言った、「彼らだけが、われわれにとって、その類いの配慮をめぐらせることを教え込めない者たちなのでしょうか、それとも彼らの他にもいるのでしょうか」。

「はい、少なくともわたしに思われるところでは」とイスコマコスは言った、「色恋沙汰に現《うつつ》を抜かしている者たちも、それ以外の他のことに配慮をめぐらせることを教え込むのは不可能です。一四 彼らには思いを寄せる少年（パイディカ）[1]に気づかいをめぐらせる以上に喜ばしい希望や気づかいを見いだすことは容易ではないし、またなすべきことが目前にある場合に、恋のお相手から遠ざけられること以上に厳しい仕打ちを見いだすことも容易ではないですからね。ですから、その種の者たちだと分かったら、その者たちの誰かを指揮監督者に任ずるようにすることは差し控えます」。

一五 「ではどうですか」とわたしは言った、「金儲けすることに欲を出している者たちですが、彼らもまた農場での仕事の指揮監督に向けて養成することは不可能でしょうか」。

「いえ、ゼウスに誓って」とイスコマコスは言った、「不可能どころではありません。むしろその方面の指揮監督にはきわめて導きやすい者たちです。彼らには指揮監督の仕事は金儲けになるということだけを示してやれば、他にには何をする必要もありません」。

一六「で、その他の者たちについては」とわたしは言った、「もしあなたが要件として課しているような事柄に抑制が効き、しかも適度に金銭欲もあるというのであれば、あなたはどんな風にその者たちをあなたが望んでいる事柄での指揮監督ができるように教え込むのですか」。

「とても単純なやり方ですよ」と彼は言った、「ソクラテスさん、つまり指揮監督がやれているように見えれば、その者たちを称賛し褒賞を与えるようにし、うまくやれていないようであれば、彼らの胸にぐさりと刺さるようなことを言ったりしたりするようにするのです」。

一七「さて、しかし」とわたしは言った、「イスコマコスさん、どうか話の方向を指揮監督の仕事へと教育されている者たちのことから転じて、教育ということについて明らかにしてください。それは、当人が配慮をおろそかにする者でありながら、人を配慮をめぐらすことのできる者にさせうるどうか、ということなのですが」。

一八「いや、ゼウスにかけて」とイスコマコスは言った、「それは当人に音楽の素養がないのに人を音楽に秀でた者にさせることができるかというのと何ら違いがありません。先生のほうが下手くそなお手本しか示せなければそれをうまく学ばせることはむずかしいし、また主人たる者が配慮をおろそかにする者であれ

(1) ギリシア的少年愛において恋の対象とされる若者。

ば、彼に仕える者が配慮をめぐらすことができるようになるのはむずかしいのですから。一九　要するに、主人がだめならその使用人たちも碌でなしだということがよく分かったように思います。しかし主人が立派でも使用人たちはだめで、しかも彼らは罰せられずにいるという場合もこれまでに見ています。人を配慮をめぐらすことのできる者にさせたいと思うのであれば、その働きぶりを監視し、査定しなければなりません
し、立派に仕事が成し遂げられた場合には、その担当者には恩恵を施すに吝かでないとともに、配慮を怠っている者にはそれに相応しい罰を与えることを躊躇してはなりません。二〇　また、かの異国人の答えとして伝えられていることは[1]（とイスコマコスは言った）すばらしいとわたしには思われるのです。それはこうです、——ペルシア大王がある良馬を目にしたときのこと、その馬をできるだけ速やかに肥え太らせたいと思って、馬のことに長じていると評判の者たちの一人に、最も速やかに馬を肥え太らせるにはどうすべきかを訊ねたところ、「主人の目です[2]」とその者は言ったとのことです。そのとおりでして（と彼は言った）、ソクラテスさん、他のものごとについても立派ですぐれた成果をもたらすのは主人の目だとわたしには思われるのです」。

第十三章

一　「で、誰かある者に」とわたしは言った、「あなたの意向どおりのものごとに配慮をめぐらすべしということをきわめて強く肝に銘じさせたならば、そうなった者はもうそれで監督の任に当たるに十分なのでし

ょうか。それともも し監督者として十分たらんとするのには、それよりも他にさらに習得しなければならないのでしょうか」。

二 「ええ、ゼウスに誓って」とイスコマコスは言った、「さらになお彼が知るべきことが残っています。すなわち何を、いつ、どのようにしなければならないかということです。さもなければ、そうしたことを知らない監督者なんて、誰かある病人のもとに早朝深夜を問わずに出掛けて行って診療するものの、その病人に何を措置すれば有効なのかについては何も分からない医者以上に、何の役に立ちましょうか」。

三 「さてそれでは、その仕事がどのようになされなければならないかを学び終えたとするならば、さらになお何か」とわたしは言った、「身につける必要があるのでしょうか、それとも、もうそれで彼はあなたの求める監督者の要件を完全に満たした者となるのでしょうか」。

「少なくとも」と彼は言った、「その者は労働する者たちを取り仕切ることを学ばなければなりません」。

四 「さてそれでは」とわたしは言った、「あなたはその監督者たちが取り仕切ることが十分できるように教育するというわけですね」。

「ともかくそうするように努めますよ」とイスコマコスは言った。

「それで」とわたしは言った、「神々のおん前に誓って、あなたは一体どのようにして、人間たちの取り仕

(1) アリストテレス『家政論』第一巻第六章に類話が見られる。 五 a 三)。

(2) 主人が睨みを利かせて監督を怠らないことを言っている。そこでは「異国人」が「ペルシア人」とされている(一三四

切りということを教育するのですか」。

「ずいぶん稚拙な仕方でですよ」と彼は言った、「ソクラテスさん。ですからおそらくあなたがそれを聞けば笑い出すことでしょうね」。

五　「いやしかし、その問題は」とわたしは言った、「笑うべきことではすまされませんよ、イスコマコスさん。というのもですね、誰かを人間たちの取り仕切りをする者にさせることのできる人であれば、明らかに人間たちの主人たるべき者の教育もできるし、主人たるべき者の教育ができれば、王たるべき者にさせることもできますから、したがってそういうことのできる人となれば、笑ってすまされるどころか、大いなる称賛に値するものとわたしには思われますからね」。

六　「ともかくも」と彼は言った、「ソクラテスさん、人間以外の動物は二つのことから服従することを学んでいます。一つには服従しまいと試みると罰せられることから、もう一つは懸命になって隷従すれば善くしてもらえることから、です。七　たとえば仔馬が調教者の言うことを聞くようになるのは、従順にしていれば何か仔馬の喜ぶものをもらえることと、しかし逆らえば調教者の意向に隷従するようになるまで煩わしい目に遭わされることからです。八　また仔犬は、人間に較べれば知能でも話す能力でも格段に劣っているのに、今言ったのと同じ仕方で、ぐるぐる回りや宙返りやその他いろんなことを学習するのです。つまり、従順にしていれば何か欲しいものが得られるが、怠れば罰せられるからです。九　人間に対しては、聞き従うことが当人にとって有益であることを言葉で示してやることで、従順にさせることができますが、しかし奴隷に対しては(1)、動物向けの教え方と考えられるやり方が、従順であることを教え込むのに、きわめて効果的なのです。つまり、彼らの胃袋の欲求を満足させてやれば、彼らに多大な効き目があるでしょうから。また自尊心の強い性格の者たちは称賛ほしさにもあくせくしているもので、そういう性格の者たちのいくらかは、他の性格の者たちが食べ物や飲み物に飢えているのに少しも劣らず称賛に飢えているのです。一〇　さて、わたしが自ら行ってみて人間をいっそう従順にさせると思うのは、今言ったようなやり方で、わたしが監督者に任じたいと思う者に教え込むのもそのやり方ですが、しかし彼らに対しては面倒も見てやっているのです。たとえば、外衣や履き物など、わたしが働き手に対して供与するべきものは、すべてを画一的にはしないで、一部は上等品、一部は下等品にして、すぐれた者には栄誉として上等品を与え、劣った者には下等品を与えるのです。一一　というのも、これはわたしが強く思うのですが（と彼は言った）、ソクラテスさん、すぐれた働き手たちは、彼ら自身による仕事はすっかり片付いているのに、他方で労苦に励もうともせず、必要なときにも危険を冒して働こうともしない者たちも彼らと同等の処遇を受けているのを目にすると意気阻喪してしまうのです。一二　したがって、わたし自身としても、よりすぐれた者がより悪しき者と同等のものを得るのが当然だなどとは断じて思いませんし、監督者が最も善きものを最もそれにふさわしい者に分け与えているのを目にしたときには、その監督者を称賛し、他方何者かが追従とかあるいは他の何らかの無益なご機嫌取りで特別待遇を受けているのを目にすれば、見過ごしにすることなく監督者を叱責して、

（1）奴隷を本性的に人間（自由市民）と区別する考え方については、アリストテレス『政治学』第一巻第四章一二五三b―第七章一二五五b、第十三章一二五九b―一二六〇b参照。

そうしたやり方をするのは、ソクラテスさん、監督者自身のためにもならないことを教え諭すようにしているのです」。

第十四章

一　「さて」とわたしは言った、「イスコマコスさん、あなたから見てこれなら仕事を取り仕切り、配下の者たちを従わせるに十分な者となったならば、その者は監督者としてそれで完全の域に達したと考えますか、それとも今あなたが話してきたような要件を備えていても、その上さらに何かを必要とするでしょうか」。二　「ええ、ゼウスにかけて」とイスコマコスは言った、「主人の財産に手を付けてそれを盗み取ることをしないようにしなければなりません。もしも収穫物を管理する者がそれを隠匿して、仕事の利益をもたらすものを残さないようなことを仕出かすとすれば、そんな者の取り仕切りで農業を営んだところで何の益がありましょうか」。

三　「では」とわたしは言った、「そうした正義を教え込むこともあなたの役割なのですか」。

「むろんですとも」とイスコマコスは言った、「もっとも、これを教えてもけっして誰しもがすんなりと聞き従うわけではありませんがね。四　しかしながら、あるところはドラコンの立法[1]を、あるところはソロンの立法[2]を援用しながら[1]（と彼は言った）わたしの家隷たちを正義の道に進ませるよう努めています。というのも、かのドラコンやソロンたちが制定している法令の多数は、こうした場合に当てはまるような正義を教化することを眼目にしている、とわたしには思われるからです。五　たとえば、盗みを企てた者は罰金を科せられ投獄される、また現行犯は死刑に処せられる、と定められています。[3]ですから、明らかに（と彼は言った）彼らは、恥ずべき利得が不正を犯す者にとって割に合わないようにすることを意図して、こうした法を定めたのです。六　そこでわたしは（と彼は言った）それらの法のいくつかのものを適用し、また他にペルシア大王の立法のいくつかをも援用しながら、家隷たちがその管掌下にあるものについて公正な態度で扱うようにさせることに努めました。七　というのも、ドラコンやソロンの立法は過ちを犯した者たちに対する罰だけが定められているのに対して、ペルシア王の立法は不正を犯した者たちを罰するだけでなく、正しい者たちには益を施すようになっているからでして、したがって、正しい者たちが不正な者たちよりも裕福になっていくのを見ると、多くの利得好きの者たちも不正を犯さずに踏みとどまっているのです。八　ただ

(1) ドラコン（前七世紀）はアテナイの立法家で、アリスタイクモスがアルコーンだった年（前六二一／二〇に比定）に新法を制定し、これがアテナイ最古の成文法であったと言われている（アリストテレス『アテナイ人の国制』第四章参照）。彼の立法は主として個別犯罪について規定したもので、その刑罰は苛烈を窮めたと伝えられている。前四世紀の弁論家デマデスは「ドラコンの法はインクではなく血で書かれている」と言っている（プルタルコス『ソロン伝』一七）。

(2) ソロン（前六三九頃―五五九年頃）はアテナイの政治家で、前五九四年にアルコーンに選出されたときに断行した大改革は経済、社会制度、宗教など広範に亘るもので、それによってアテナイ民主政への道を開いたと評価される（アリストテレス『アテナイ人の国制』第七章以下参照）。法整備においてはドラコンの立法を改め、殺人罪に関するものを除くすべての刑罰を廃したとされる。

(3) 凶悪現行犯はとくに重罪視されていた。

し（と彼は言った）いい処遇を受けているのに、それでもなお不正を犯そうとする者たちに気がついた場合には、彼らは癒やしがたいまでに貪欲な連中だと考えて、もはやどんな方策をとることも止めてしまいます。九　しかし逆に、正義を守ることが得になるというだけの理由で正しい者であろうとしているのではなく、わたしから称賛されたくてそうしているのだと分かった者たちについては、彼らを自由人並みに処遇して、単に裕福にしてやるだけでなく、《立派ですぐれた人》として尊重するようにしています。一〇　わたしの思うに（と彼は言った）、ソクラテスさん、名誉欲の強い者は利得好きの者とは違って、称賛と名誉を求めて必要な場合には労苦を惜しまず、危険にも立ち向かい、恥ずべき利得に手を染めることはしないのです」。

第十五章

一　「しかしながら、誰かある者にあなたの望みは富の繁栄にあることを教え込み、その望みがあなたに実現されるよう指揮監督に当たることをその同じ者に教え込んだとして、そしてその上さらに、いかにすればなすべき仕事のそれぞれがより具合よく行くかの術《すべ》をその者に授け、しかもその上、彼が十分に取り仕切りができるように仕込んでやり、そしてそれらすべてに加えてさらに、彼があらんかぎり豊かな季節ごとの大地の実りをあなたに見せて、あなた自身と同じように喜ぶようになれば、そうなった者には何かさらに必要な要件があるかどうかを、もはや訊ねるまでもないでしょう。そのような者はそれでもう監督者として高く評価できると、わたしには大いに思われますからね。ただし」とわたしは言った、「イスコマコスさん、話の中で手を抜いてさっと通り過ぎたあのことだけは、そのままにしておかないでくださいよ」。

二　「それは何のことですか」とイスコマコスは言った。

「たしかあなたは言われましたよね[1]」とわたしは言った、「習得するべき最も大事なことは、それぞれの仕事をいかに成し遂げるかということだと。そして、さもなければ、つまり何をいかになすべきかの心得がなければ、指揮監督に当たっても何の益にもならないとあなたは言われました」。

三　するとそれに対してイスコマコスは言った、「ソクラテスさん、あなたは今ここで農業の技術そのものを教えるようにとおっしゃるのですか」。

「ええ、おそらくそれこそが」とわたしは言った、「その心得ある者を裕福にし、心得のない者を多大の労苦と困窮の生活に追いやるものなのですから」。

四　「さて、それでは」と彼は言った、「ソクラテスさん、この技術が人間に友好的なものであること[1]をお聞かせしましょう。というのも、この上なく有益なものであり、この上なく快適に働くことができ、神々にとっても人間にとってもこの上なく麗しくこの上なく好ましいものでありながら、なおその上にこの上なく

（1）第十三章二において。

（1）「人間に友好的であること」は φιλανθρωπία（ピラントローピアー）の訳。いわゆる「人類愛・博愛主義」の元にある言葉だが、古代ではその意味はない。ヒッポクラテス、プラトン以来用例のある日常語で、人に対する「やさしさ」「親切心」「寛大さ」など（人に対する粗野な態度に対置される）さまざまなニュアンスで使われている。

容易に習得できるもの、そのようなものがどうして高貴の素性でないことがありましょうか」。

五　「いや、そうしたことでしたら」とわたしは言った、「イスコマコスさん、さきにあなたが言われたこと、つまり監督に当たる者をどんな点で教え込まなければならないかということで、十分理解できたと思います。あなたの言われたところによれば、その者をあなたに対して誠実であるようにさせるべきだということが分かりましたし、また配慮をめぐらすことができ、取り仕切ることができ、正しさを守るようにさせるべきだということも分かりました。六　しかし、あなたが言われていたことですが、きちんと農業の指揮監督に当たろうというつもりの者がどのように何をなすべきか、それも個々のものごとをそれぞれどのようにいつなすべきかを習得しなければならないということ、それについては、われわれは」とわたしは言った、「いささかいい加減に話を済ませてしまったように、わたしには思われます。七　それはちょうど、人の言うことを書き取ったり書き記されたものを読み上げたりすることができるようになろうとする者は文字を会得しなければならない、と言っているようなものです。それを聞いたからといって、たしかに文字を会得しなければならないということは聞いたことにはなるでしょうが、そのことを理解したといっても文字を会得したことには少しもならない、と思うのですよ。八　今もそれと同じで、きちんと農業の指揮監督に当たろうというつもりの者であれば農業を会得しなければならないということは、容易に納得していますが、しかしそのことを理解したからといっても、どのように農業に携わらなければならないかについては依然として何一つ会得してはいないのです。九　ともあれ、もしわたしが今ただちに農業に携わろうと思い立ったりすれば、まるで自分が近所を回って患者を診ようとしている医者であるのに、何が患者に有益であるのかを知らないというのと同じような有様だと思われます。ですから、そんな医者のようにならないよう」とわたしは言った、「農業の具体的作業そのものをわたしに教えてくださいよ」。

一〇「とはいえしかし」と彼は言った、「ソクラテスさん、それを教わろうとする者は、他の諸技術の場合とは違って、働いて生計を立てられるようになるのに、身をやつして習得する必要はないのです。農業は習得するのにさほど厄介なものではなく、人びとが働いているところをみたり、場合によっては聞いてみたりすれば、すぐに会得できるでしょうし、そうしてまた、もしその気になれば、他の人に教えることもできるでしょう。思うに」と彼は言った、「あなたは知らず知らずのうちに、農業のことをずいぶんたくさん会得しているのですよ。一一 それというのも、他の技術に長じた者たちは、それぞれに持っている技術の最も肝心な事柄を何かしら隠すものですが、農業に携わっている者たちのあいだでは、最も見事に植え付けする者は、誰かが彼を観察していれば、大いにそれを喜ぶでしょうし、最も見事に種蒔きする者もまた同様です。見事になされている事柄の何についてなりとあなたが訊ねてみれば、その人がどんな具合にそれを行なったのか、何一つあなたに隠すようなことはしないでしょう。一二 そんな風に、ソクラテスさん」と彼は言った、「農業は、その仕事に携わっている者たちをきわめて高貴な性格にさせるのです」。

一三「いや、話の前置きは」とわたしは言った、「素晴らしいし、それを聞いたからには、質問を切り上げることはできませんよ。あなたとしては、農業は容易に学べるとのことですから、それゆえますますもって、どうか大いにそれについて語り尽くしてください。容易なことを教えるのはあなたにとって恥ずべきことではありませんが、しかしわたしにとっては知らないということは、とりわけそれが有益なこととあれば、大いに恥ずべきことなのですから」。

第十六章

一　「では、まず第一に」と彼は言った、「ソクラテスさん、このことをあなたにはっきりさせておきたいと思います。それは、理論的には厳密の限りを尽くして農業を論じているが、実際にその仕事に携わることはきわめてわずかでしかない人たち[1]が、これぞ農業の煩瑣を窮めている問題点だと言っている事柄は、実は何もむずかしいことではない、ということです。二　つまり、彼らによれば、正しい仕方で農業に携わろうとする者は、まず土地の本性を知らなければならないというのです」。

「彼らは実に」とわたしは言った、「正しい仕方で語っていますね。というのも、土地が何をもたらすことができるかを知らなければ、思うに、何の種を蒔き何を植えるべきかが分からないでしょう」。

三　「それでしたら」とイスコマコスは言った、「よその土地の収穫物や果樹を観察すれば、どんな実りをもたらすことができ、あるいはできないかを知ることができます。しかし、いったんそれが分かったら、もう神々と争うのは無益なことです。ともかく、自分がほしいと思うものの種を蒔いたり植えたりしても、その土地が芽生えさせ育てるのをよしとするもの以上に多くの生活の糧を手にすることはできないでしょう。四　ですから、土地所有者の怠慢で、土地そのものが自らの能力を発揮できないでいるようなときには、隣の人からよりもむしろ隣の地所からのほうが、土地についてより本当のことを聞けることもしばしばです。

五　そして、土地は荒廃していても、それでもその特性を明らかに示すものです。なぜなら、野生の植物がよく育つ土地なら、世話をしてやれば栽培植物もまたよい収穫をもたらしうるからです。ですから、そういう具合にして土地の特性は、農業にさほど経験のない者でも見定めることが可能なのです」。

六「いや、その点については」とわたしは言った、「イスコマコスさん、わたしももう十分に自信が持てたと思います。つまり土地の特性が分からないことを怖れて農業を断念する必要はないわけです。七　というのも」とわたしは言った、「漁師たちのことを思い出したのですが、彼らは洋上で働いていて、船を止めてあたりを眺めたりゆっくり航行したりしないのに、農園のそばを通過しながら、その土地に実っているものを目にすると、土地についてどのようなのがよくてどのようなのが劣っているかを臆することなく意見表明し、ある土地については貶《けな》し、ある土地については褒めあげるのですが、わたしの見るに、いい土地につ

(1)　ヘシオドス『仕事と日』を別にすれば、農事書は前四世紀になるまで見られない（ただしデモクリトスの著作として『農業について、あるいは土地測定論』がディオゲネス・ラエルティオス『ギリシア哲学者列伝』第九巻四八に挙げられている）。プラトン『ミノス』三一六Eにはそれへの言及があり、アリストテレス『政治学』第一巻第十一章一二五八b三〇以下にはパロスのカレティデス、レムノスのアポロドロスの名が挙げられ、他にも農業への手引書を書いた人がいることが報告されている。さらにテオプラストスに至ると、クレイデモス（『植物原因論』第一巻第十章三、『植物誌』第三巻第一章四）、アンドロティオン（『植物誌』第二巻第七章三、『植物原因論』第三巻第十章四）らへの言及があるが、それらの著作はいずれもわずかな断片が伝わるのみである。クセノポンはこれらのほぼ同時代人を念頭に置いているのであろうが、事実上は彼の本書がこの分野についてのこの時代唯一の文献となっている。

いておおむね彼らは農業に経験豊かな者たちとまったく同じような意見表明をしていますね」。

八 「それでは、さてどこから」と彼は言った、「ソクラテスさん、農業についてあなたの記憶をよみがえらせることを始めたものでしょうか[1]、あなたのご要望はどうですか。というのも、農業はどのように営むべきかについて、わたしが話そうとしている相手のあなたは、それについてきわめて多くのことを心得ていることが分かっていますからね」。

九 「わたしの思うに」とわたしは言った、「イスコマコスさん、是非とも学びたいのは――とりわけ学びは知を愛し求める人間［哲学者］のすることですから――、まず第一にわたしが、もしやってみたいと思ったらですが、どのように土地を耕せば、最大量の小麦や大麦を得ることができるかということです」。

一〇 「では、休耕地を犂《すき》で起こさなければならないということは分かりますね」。

一一 「はい、むろん分かります」とわたしは言った。

「では、もしわれわれが」と彼は言った、「冬に犂起こしを始めるとしたらどうでしょうか」。

「しかし、土地が泥濘《ぬかる》んでいるでしょう[2]」とわたしは言った。

「そうかと言って、夏に始めるのがいいと思いますか」。

「牛に牽かせた犂で耕すには土地が固くなっているでしょう」。

一二 「どうやら春に」と彼は言った、「その作業を始めなければならないようです」。

「当然そうなります」とわたしは言った、「その時期に鋤き返せば、とりわけほぐれやすいでしょうから」。

「しかも、雑草を」と彼は言った、「この時期に鋤き起こせば、ソクラテスさん、それで土地の肥やしになりますし、それの種子はまだばら撒かれていませんから、芽出しすることもありません。一三　これもあなたはご存じと思いますが、休耕地をよくしようとしたら、下生えの草木がきれいに除かれ、できるだけ日光に曝されなくてはなりません」。

「まったくもって」とわたしは言った、「そういう具合でなければならないと思いますとも」。

一四　「それで、そうするのには」と彼は言った、「夏にできるだけ何度も何度も土地を鋤き返す以外に何らかのやり方があると思いますか」。

「しかと承知していますよ」とわたしは言った、「下生えの草木が地表に露出させられ、炎熱で干からび、土地が日光に曝されるようにするには、その土地を夏の真っ最中に、しかも真っ昼間に、牛に牽かせた犂で耕す以上にいい手立ては何もないことを」。

一五　「もし人の手で休耕地を掘り起こして整備しようとすれば[3]」と彼は言った、「彼らもまた土地と草木を分離しなければならないことは明白ではないですか」。

「そして草木を」とわたしは言った、「地表に放り出して干からびるようにし、土地は掘り返して、その地

---

(1) 唐突ながら、ここにはプラトン『メノン』(八一A—八六B)、『パイドン』(七二E—七八B)における「学習＝想起説」への言及が見いだされるかもしれない。ただし、プラトンの場合とは違い、ここでは生前に得た知への言及ではなくて、むしろ日常の中でいわば無意識的に見たり聞いたりしたことのあるものごとが知の根拠とされるにすぎない。

(2) 地中海域では冬は雨期、夏は乾期である。

(3) むろんそのためには多数の奴隷が使役されることになる。

中に埋もれていた部分を日光に曝さなければなりません」。

第十七章

一　「休耕地については、お分かりのように」と彼は言った、「ソクラテスさん、われわれ二人の考えは何と一致していることでしょう」。

「なるほどたしかに一致しているように思われます」とわたしは言った。

「ところでしかし、種蒔きの時期については」と彼は言った、「ソクラテスさん、あなたの知るところでは、すべての先人たちが試みを重ね、今日の人たちも試みてきた結果、これが最良と見定めたその時期に種を蒔く、ということに他ならないでしょうか。二　つまり秋の季節がやって来たら、およそすべての人たちが神に目を向け、いつ雨を降らせて大地を潤し、種を蒔くことを彼らに許すだろうかと注視しているのです」。

「実際、イスコマコスさん」とわたしは言った、「わざわざ乾期に種を蒔くべきではないということは、すべての人たちが百も承知ですよ、――神によって命じられるよりも先に種蒔きを行なった者たちは、甚大な損害に直面しなければならなかったのですから」。

三　「するとそのことについては」とイスコマコスは言った、「われわれすべての人たちが賛同しているわけですね」。

「ええ、神の教えには」とわたしは言った、こういう風に見解の一致が成立するのです。たとえば、冬にはできるかぎり分厚い衣服を着込むのがよいと万人が一斉に思うし、もし木材があれば火を焚くのがよいと一斉に思う、という次第です」。

四 「しかし」とイスコマコスは言った、「種蒔きについてでも、こういうことではすでに多くの人たちに相違がある、——つまり、時期のはじめが一番いいのか、それとも中頃なのか最も遅くなのかということになると、です。五 で、あなたは（と彼は言った）、ソクラテスさん、これらの種の蒔き方のどの一つを選んでそれでやってみるのがよりよいと考えますか、大量の種を蒔くこともあれば、少量の種を蒔くこともあるでしょうし、あるいはまた最も早い時期から蒔き始めて一番遅くまでつづけることもあるでしょうが」。

六 そこでわたしは言った、「わたしとしては、イスコマコスさん、種蒔き時期の全体に振り分けるのが最善だと思われます。というのは、いつでも十分に足りるだけの穀物を収穫するほうが、その時々できわめて大量だったり十分とは言えない量だったりするよりもはるかにいいと思うからです」。

「とすれば、その点についても」と彼は言った、「ソクラテスさん、学び手のあなたと教え手のわたしとは見解が一致しています。しかも、あなたのほうがわたしよりも先に意見表明したのでした」。

七 「で、どうですか」とわたしは言った、「種をばら撒くのにはややこしい技術があるのですか」。

「ともあれ」と彼は言った、「ソクラテスさん、それについても考えてみましょう。種を手からばら撒かなければならないということは、まああなたでもご存じでしょうから」（と彼は言った）。

「ええ、見たこともありますから」とわたしは言った。

「ばら撒くにしても」と彼は言った、「万遍なくできる人もいれば、できない人もいます」。

「すると、それについても」とわたしは言った、「もう修練が必要ですね、ちょうど竪琴弾きにとって手が意向どおりに従っていけるように修練しなければならないのと同じようなもので」。

八　「まったくそのとおりです」と彼は言った、「ただし、（と彼は言った）土地がある場所では比較的繊細で、ある場所では比較的重厚だとすれば、どうでしょうか」。

「それはどういう意味でしょうか」とわたしは言った、「比較的繊細とは比較的貧弱、比較的重厚とは比較的強力ということでしょうか」。

「わたしの言わんとしているのは」と彼は言った、「そういうことです。そして、あなたでしたら、その双方それぞれの土地に同じ量の種を蒔くのか、それともどちらか一方により多くの種を蒔くのかを訊ねているのです」。

九　「ワインだったら」とわたしは言った、「わたしとしては、より強いものにはより多くの水を注ぎ入れると思いますし、何か物を運ぶ必要があるとしたら、より強健な者にはより重いものを担わせると思いますね。また何人もの人が扶養を要するとしたら、より大きな財力のある人にはより多くの人たちを扶養するよう割り当てることでしょう。しかしながら、より貧弱な土地は」とわたしは言った、「もしそこにより多くの穀物の種を撒き入れれば、ちょうど駄獣が重荷を負うことでそうなるように、より強くなるものかどうか、あなたはそれをわたしに教えてください」。

一〇　するとイスコマコスは笑い出してこう言った、「あなた、それは冗談ですね（と彼は言った）、ソクラテスさん。ところで（と彼は言った）よろしいでしょうか、土地に種を撒き入れたのちに、大地が天からの滋養をふんだんに受け取り(1)、種から若葉が芽吹く時期になったら、それをふたたび鋤き入れると、それが土地の糧《かて》となり、あたかも肥料によってそうなるように、土地に強さが生ずるのです。しかし、実りに至るまでずっと種の養育を土地に任せっきりにすると、貧弱な土地には最終的に大量の収穫物をもたらすことは困難です。豚でも弱いものには多数のしっかり肥えた子豚を育てることは困難ですよね」。

二　「あなたの言わんとするのは」とわたしは言った、「イスコマコスさん、より貧弱な土地にはより少量の種を撒き入れるべしということですか」。

「そうです、ゼウスにかけて」と彼は言った、「ソクラテスさん、そしてあなたも同意している。すべてより弱いものにはより少量の負担を割り当てるべきだと思うと言われるわけですから」。

三　「ところで、鍬を使う者たちを」とわたしは言った、「イスコマコスさん、何のために穀物(2)のところへ立ち入らせるのですか」。

「あなたはきっと」と彼は言った、「冬には大量の雨が降ることはご存じですね」。

「むろん知っていますとも」とわたしは言った。

「それでは、穀物の一部が雨水に浸かり押し寄せる泥水に覆われた場合や、一部の根が流れのために剝き

（1）降雨のこと。「滋養（τροφή）」は本著では養分と水分の両方を意味している。

（2）以下次章末まで「穀物（σῖτος）」とあるが、実際には麦栽培（アッティカではとくに大麦栽培が中心）に即して語られている。

出しにされた場合を想定してみましょう。そして、しばしば雨水によって下生えの草木が穀物と一緒に繁茂してきて、穀物を窒息させもします」。

「たしかに」とわたしは言った、「そういったことがすべて起こっても当然です」。

一三 「では」と彼は言った、「そうなってしまった場合には穀物は何らかの救済を必要とする、とは思われませんか」。

「まったくそのとおりです」とわたしは言った。

「では、泥に覆われてしまった箇所に対しては、救済するために人びとはどうするとあなたには思われますか」。

「土を取り除いてやることです」とわたしは言った。

「ではどうですか」と彼は言った、「根が剝き出しになってしまったものに対しては」。

一四 「土をかけ直してやることです」とわたしは言った。

「ではどうですか」と彼は言った、「下生えの草木が穀物と一緒に繁茂してきて、穀物の養分を奪い取って窒息させてしまう場合には、――つまり、ちょうど蜜蜂が働いて蓄えている栄養物を、用をなさない雄蜂が奪い取っていくようなものですが」。

「ゼウスにかけて、下生えの草木を」とわたしは言った、「刈り取らなければなりません、ちょうど雄蜂を巣から取り除かなければならないのと同じことです」。

一五 「それでは」と彼は言った、「われわれが鍬を使う者たちを立ち入らせるのを当然のことだと思われませんか」。

「まったくそのとおりです。――ところで、はたと思いついたのですが」とわたしは言った、「イスマコスさん、適切な喩《たと》えを導入するのは何ともいいものですね。あなたが雄蜂の話をしたことで、下生えの草木のことだけについて話した場合よりも、はるかに強くそれに対する激しい憤りをわたしに引き起こさせたのですから」。

第十八章

一　「さて、ところで」とわたしは言った、「その次はどうやら刈り入れということになりますね。これについても何かわたしに教えてもらえることがあったら、教えてくださいよ」。

「もしこれについても」と彼は言った、「あなたの知っていることがわたしと同じではないことが明らかになった場合には、そうしましょう。さて、穀物を刈り取らなければならないこと、それはご存じですね」。

「むろん知っています」とわたしは言った。

「ではどうですか」と彼は言った、「あなたは風の吹いてくる方向に背を向けて立って刈り取りをするでしょうか、それとも風に向かい合ってするでしょうか」。

「わたしとしては」とわたしは言った、「風に向かい合ってはやりません。なぜなら、穀物の藁や穂に向かい合って収穫するのは、目にも手にも厄介なことになると思われるからです」。

二 「そして、穂は天辺《てっぺん》だけを摘み取るでしょうか」と彼は言った、「それとも地面のところで刈り取るでしょうか」。

「穀物の茎が短ければ、わたしなら」とわたしは言った、「下の方で切り取って、藁の部分がむしろ十分ついているようにするでしょう。しかし丈が高ければ、中ほどで切り取るのが正しいやり方だと思います。そうすれば、脱穀する者も箕《み》で簸《ひ》る者も要らざる作業が付け加わって余計な労苦に手を焼くことがないようになるでしょうから。他方、地面に残された部分は焼き払われて土地を益するし、あるいは肥料に混ぜ込まれて、その量を増やすのに役立つとも思います」。

三 「ほら、お分かりですか」と彼は言った、「ソクラテスさん、あなたは刈り入れについても、まさにわたしの知るとおりに知っている廉《かど》で現行犯逮捕ですよ」。

「そうらしいですね」とわたしは言った、「しかしさらに、わたしが脱穀についても心得があるかどうか、そのことだけは見定めてみたいですね」。

「では」と彼は言った、「このことはご存じですね、つまり穀物を脱穀するには駄獣を使役するということです」。

四 「むろん」とわたしは言った、「知っていますよ。そして牛や騾馬や馬がすべて等し並みに駄獣と呼ばれていることも」。

「では」と彼は言った、「駄獣どもに分かっているのは追い立てられながら穀物を踏み歩くことだけだということは、お考えですか」。

「他に何が」とわたしは言った、「駄獣どもに分かりましょうか」。

五　「しかしどのようにして脱穀の程合いに判断を働かせるのか、それが均等になされるようになっているのか、そのことは誰にかかっているのでしょうか[1]、ソクラテスさん」と彼は言った。

「明らかに」とわたしは言った、「脱穀作業をする者たちに、です。脱穀されていない穀物をたえずひっくり返したり、駄獣の足元に抛り入れたりして、できるだけ脱穀場［に抛り入れた穀物］を均等にならし、できるだけ速やかに仕上げるようにするのは、明らかに彼らだからです」。

「それでしたら」と彼は言った、「わたしの知っていることはもう何も残っていません」。

六　「では」とわたしは言った、「イスコマコスさん、その次には、われわれは穀物を箕《み》で簸《ひ》て選り分けるのですね」。

「ではどうか言ってください、ソクラテスさん」とイスコマコスは言った、「脱穀場の風上側に向かって作業を始めると、脱穀場全体に殻屑が散らばるだろうということをあなたはご存じかどうか」。

「必ずそうなりますとも」とわたしは言った。

七　「すると、当然ながら」と彼は言った、「それが穀物の上に降りかかりますね」。

「何しろ」とわたしは言った、「殻屑が穀物の上を越えて脱穀場の空いた場所に飛ばされていくのには、ず

（1）「〜にかかっているのでしょうか」は原文を補った訳だが、「〜に命ずる（προστάξεις）」あるいは「〜が差配しなければならない（ἐπιμελητέον）」などの語の脱落ないし省略が推定される。

いぶんの距離がありますから」。

「しかし」と彼は言った、「風上から風下に向かって作業を始めたらどうでしょうか」。

「明らかに」とわたしは言った、「穀屑はただちに殻屑の溜まり場に寄り集まるでしょう」。

八 「で、あなたが」と彼は言った、「脱穀場の半分の広がりまで穀物を選り分けたならば、穀物はまき散らかされたままで、ただちに残りの穀屑を簸ていくでしょうか、それとも選り分けられた穀物は中心部のできるだけ狭い場所に寄せ集めますか」。

「ゼウスにかけて」とわたしは言った、「選り分けられた穀物は寄せ集めた上で作業をつづけますね、そうすれば穀屑が脱穀場の空いた場所に飛ばされていきますし、同じ穀屑を二度簸るようなことはさせられませんから」。

九 「それでしたら、あなたは」と彼は言った、「ソクラテスさん、穀物をいかにすれば最も速やかに選り分けられるかを、人に教えることもできるでしょう」。

「するとそうしたことを」とわたしは言った、「わたしは知らず知らずのうちに会得していたわけだ。それでまた先ほどから考え込んでいるのですが、わたしは知らず知らずにうちに金の溶融法や笛の吹き方や絵の描き方をも会得しているのだろうか。というのも、そうしたことについても農作業のやり方についても誰もわたしに教えてくれたわけではないが、しかし人びとが農作業をしているところを見ているのと同様に、それら他の諸技術に携わって働いているところをも見ているわけですからね」。

一〇 「だからこそ」とイスコマコスは言った、「わたしはあなたに言ったのですよ、農業の技術は、最も容易に習得できるがゆえに、最も高貴なものである、とね」。

「そう」とわたしは言った、「よく分かっていますよ、イスコマコスさん。種蒔きに関することなどをわたしは会得しているのに、それを会得していることに自分では気づいていなかったわけです」。

第十九章

一 「ところで」とわたしは言った、「樹木の栽培も農業技術の一分野ですか」。

「たしかにそのとおりです」とイスコマコスは言った。

「では」とわたしは言った、「種蒔きに関することを会得していたのであれば、どうして樹木栽培に関することは会得していないということがあるのでしょうか」。

二 「どうしてまた」とイスコマコスは言った、「あなたがそれを会得していないだなんて」。

「どうしてですか」とわたしは言った、「何しろこのわたしたるや、どのような土地に植え付けるべきかも知らなければ、どれほど深い穴を掘ればいいのか[1]、どのくらいの広さのところに、どれほどの背丈の植物を植え込めばいいのかも知らず、また地中にどんな格好に置いてやれば最もよく生長していくものかも知らないのですから」。

(1) 底本に疑問が付されている τὸ φυτόν は読まない。

三 「さあ、それでは」とイスコマコスは言った、「知らないことは学ぶべし、です。植物のためにどんな穴を人が掘っているか、あなたが見たことがあるのは分かっています」と彼は言った。

「ええ、わたしは何度も見ています」とわたしは言った。

「では、それらのうちにどれか三フィート[1]以上深いのを、これまでに見たことがありますか」。

「いいえ、ゼウスに誓って、わたしとしては」とわたしは言った、「二フィート半以上のも見たことがありません」。

「ではどうですか、広さが三フィート以上のものをこれまで見たことがありますか」。

四 「いいえ、ゼウスに誓って」とわたしは言った、「二フィート以上のも見たことがありません」。

「さあそれでは」と彼は言った、「このことについてわたしに答えてください。これまでに一フィート以下の穴を見たことがありますか」。

「いいえ、ゼウスに誓って」とわたしは言った、「わたしとしては一フィート半以下のものさえ見たことがありません。というのも、（とわたしは言った）そんなにも地表に近すぎるところに植えられたりすれば、根回りを耕されたときに[2]植物は根こそぎにされてしまうでしょうから」。

五 「それでは」と彼は言った、「ソクラテスさん、二フィート半以上深くは掘らず、一フィート半よりも浅くも掘らないことを、あなたは十分ご存じなのですよ」。

「なるほど、必ず」とわたしは言った、「それを見ているにちがいありません。そんなにも明白なことですから」。

六　「ではどうですか」と彼は言った、「乾燥気味の土地、湿潤気味の土地は、目で見て判別できますか」。
「乾燥している土地というのは、わたしの思うに」とわたしは言った、「リュカベットス[3]周辺やそれに類した土地であり、湿潤な土地というのはパレロン[4]地域の低地やそれに類した土地のことです」。
七　「それでは」と彼は言った、「植物のために深い穴を掘るのは乾燥した土地にですか、それとも湿潤な土地にですか」。
「乾燥した土地にですよ、ゼウスにかけて」とわたしは言った、「湿潤な土地に深い穴を掘れば、水を見ることになり、よもや水中に植え付けることはできないでしょうからね」。

「あなたの言うとおりだと思いますよ」と彼は言った。「それでは、穴を掘り終えたところで、あれこれの植物をそれぞれどの時期に植えてやるべきかは、もう分かっていますか」。
八　「はい、分かっています」とわたしは言った。
「で、あなたは植物ができるだけ速やかに生長するようにと思っているのであれば、どちらだと思います

(1) ギリシア語「プウス（πούς）」も「フィート」と同じく「足（の長さ）」の意で、ともに約三〇センチメートル強。
(2) 除草などのために必要な作業である。
(3) リュカベットスはアテナイ市街の北東部にある急峻な丘陵地で高さ二七七メートル。古代ではオリーブの樹林で有名だった。
(4) パレロンはペイライエウスの南につづく沿岸地域で、ケピソスの河口があり、湿地帯が多かった。

か、——よく耕された土地に植え込むことで、挿し木[1]の新芽は柔らかい土地の中を通ってくる場合のほうが、耕されていない土地の中を通って固い地面へという場合よりも、より速やかに伸び出てくると思いますか」。

「明らかに」とわたしは言った、「耕されている土地の中を通ってくる場合のほうが耕されていない土地の中を通ってくる場合よりも、より速やかに伸び出てくるでしょう」。

「では、植物の下に〔砕いた〕土を入れないといけませんね」。

「むろんそうしないといけません」とわたしは言った。

九 「では、挿し木の新芽をまっすぐに立てて、空の方を向くようにしたほうがよりよく発根すると思いますか、それとも〔掘った穴に〕入れた土の中ではやや斜めにしてやって、ちょうどガンマの文字「Γ」を仰向けにしたように[2]置いてやるほうがよりよいと思いますか」。

一〇 「ゼウスにかけて、後者のような具合にですとも。というのも、見ていると植物は地上部でも芽のところから枝が伸び出てきますからね。ですから、地中でも芽がそれと同じことをするものと思います。地中で沢山の根が伸び出れば、植物は速やかに、しかも丈夫に生長するものと思います」。

一一 「それでしたら」と彼は言った、「これらのことについても、あなたの理解はまさにわたしと同じです。で、あなたは植物のまわりに（と彼は言った）盛り土をするだけですか、それともしっかり押し固めてやりますか」。

「わたしなら押し固めてやりますよ」とわたしは言った、「ゼウスにかけて。なぜなら、押し固めてやらなければ、押し固められないままの土は、雨が降ればそれによって泥と化してしまうし、日に照らされればそれによって土の深い所まで干上がってしまい、その結果、植物は雨のせいで腐ったり、根が熱せられて乾燥のために[3]干からびてしまうことは、重々承知していますから」。

一二 「では、葡萄の植え付けについても、あなたなら」と彼は言った、「ソクラテスさん、あなたの理解はすべてにまさにわたしと同じです」。

「また無花果《いちじく》も」とわたしは言った、「そういう具合に植え付けなければならないのですね」。

「わたしの思うに」とイスコマコスは言った、「果樹は他のものもすべて同様です。というのも、葡萄の植え付けの場合にうまく行ったやり方のどれ一つとして他の植え付けの場合にどうして不適切だと退けたりすることがありうるでしょうか」。

一三 「しかし、オリーブは」とわたしは言った、「どのように植え付けましょうか、イスコマコスさん」。

「あなたはわたしを試しているのですね」と彼は言った「それについても何にもましてよく心得ていながら。というのも、オリーブ用の穴はより深い目に掘られているのを、あなたはとくと見ていられるのですから。それは道沿いのところに掘られることが多いからです[4]。また見られるとおり、すべての新枝は親株につ

（1）本章一二から明らかなように、ここで言われているのは挿し木による葡萄の増殖法である。

（2）つまりアルファベットのLの字のかたちに。

（3）「乾燥のために」の後に説明的に「すなわち土が空隙だらけになって」とある部分は、底本に従い（後代の書き入れと見なして）読まない。

（4）道沿いの地は、通行のために樹木が揺さぶられたりして、根が剥き出しになりやすい。

いていて、さらに、これも見られるとおり、（と彼は言った）植物の先[illegible]にはすべて泥が塗りつけられていて、それによってあらゆる植物の地上部分は保護されているのです(1)」

一四「そうしたことは」とわたしは言った、「すべて見ていますとも」。

「では、見ているからには」と彼は言った、「それらの何を知らないということがありましょうか。あるいは、陶片を（と彼は言った）、ソクラテスさん、泥を塗りつけたその上に、どんな風に置いたらいいのか(2)、ご存じないでしょうか」。

「ゼウスに誓って」とわたしは言った、「あなたの言われたことで、イスコマコスさん、知らないことは何一つありませんが、しかし一体どうして、先ほどあなたが一纏めに植え付けについての心得がわたしにあるかどうか訊ねたときに、ありませんとわたしが言ったのか、それをもう一度考え直しているところです。何しろ、わたしは植え付けはどのようにしなければならないかについて、何も言うことなどできないと思っていましたからね。ところが、個々の事柄についてあなたがわたしに問いかけてみたところ、あなたの言われるには、わたしの答えはまさに練達の農業家と評判のあなたの知っているとおりのものだった、というのですから。一五 ――はたして（とわたしは言った）、イスコマコスさん、問いかけというのは教える術《すべ》なのでしょうか。というのも、個々の事柄についてあなたがどういうやり方でわたしに問いかけしていたのか、今しがた分かったからです。つまりあなたは、わたしが心得ている事柄を介して導きながら、わたしが心得ているとは思っていなかった事柄に類似した事柄を示すことによって、思うに、心得ているとは思っていなかった事柄にも心得があるかのように思い込ませているのですね」。

一六「しかし」とイスコマコスは言った、「銀貨について、それが良質のものかそうでないかをあなたに訊ねた場合にも、わたしは、あなたが良質の銀貨と紛いものとを峻別することを心得ているかのように思い込ませることができるものでしょうか。また笛吹きについてであっても、あなたが笛を吹くことに心得があるかのように思い込ませることができるでしょうか。あるいはまた絵描きについても、他にもその種のものについてであっても、そうすることができるでしょうか」。

「おそらくできるでしょうよ」とわたしは言った、「農業に携わることについても、これまで誰もこの技術をわたしに伝授した者はいないことが分かっているのに、わたしにその心得があるかのように、わたしを思い込ませたのですから」。

一七「それはできないですよ」と彼は言った、「ソクラテスさん。このわたしが先ほども言いましたように[3]、農業はとても人間に好意的な技術であり、温和な技術なので、見たり聞いたりするだけで、人をただちに農業の心得ある者にさせてくれるのです。一八 そして」と彼は言った、「いかにすれば人が最もよくその技術に携わることができるかについて、当の技術が多くを教えてくれます。たとえば、葡萄の木は、どこか

(1) オリーブ植え付けには親株の一部を切断して用いる。泥はその切断面を保護するためのものである。

(2) 泥の湿度を保ったり、悪天候で泥が流されたりしないために。

(3) 第十五章四。

近くに樹木があれば、その木に這い上っていって、葡萄に支えをして[redacted]ることを教えます。また、葡萄の房がまだ未成熟のときには、葉っぱを周囲に繁らせることによって、そ[redacted]時期には日に照らされた部分には蔭を作ってやることを教えます。一九　しかし、いざ葡萄の房が太陽に[redacted]って甘く熟する時節になると、木が葉を落とすことによって、房を露わにさせて実を完熟させてやることを[redacted]えます。また、葡萄の房のあるものは完熟しあるものは未成熟であるのを示すような実り具合によって、[redacted]ようど無花果をそのつど熟したものから収穫していくのと同じように、摘み取っていくことを教えるのです[redacted]

第二十章

一　――さて、話がここまで来たところで、わたしはこう言った、「一体[redacted]うしたことでしょう、イスコマコスさん、農業に関することがそんなにも学びやすく、万人が等しくどの[redacted]うになすべきかを知っているとすれば、どうして万人が等しくそれを営んでいるわけではなく、むしろ彼[redacted]のある者たちはものに恵まれた生活をして余剰物を蓄えてもいるのに、ある者たちは必要不可欠なものさ[redacted]に入れられず、負債を背負い込んでいるのでしょうか」。

二　「ではわたしがお話ししましょう、ソクラテスさん」とイスコマコスは[redacted]った、「ある者たちにはうまく事を運ばせるがある者たちには困窮に陥らせるのは、農業に携わっている者[redacted]ちにその心得があるなしということではないからです。三　きっと（と彼は言った）、種を蒔くのに万遍[redacted]く蒔かなかったからといっ

一六 「しかし」とイスコマコスは言った、「銀貨について、それが良質のものかそうでないかをあなたに訊ねた場合にも、わたしは、あなたが良質の銀貨と紛いものとを峻別することを心得ているかのように思い込ませることができるものでしょうか。また笛吹きについてであっても、あなたが笛を吹くことに心得があるかのように思い込ませることができるでしょうか。あるいはまた絵描きについても、他にもその種のものについてであっても、そうすることができるでしょうか」。

「おそらくできるでしょうよ」とわたしは言った、「農業に携わることについても、これまで誰もこの技術をわたしに伝授した者はいないことが分かっているのに、わたしにその心得があるかのように、わたしを思い込ませたのですから」。

一七 「それはできないですよ」と彼は言った、「ソクラテスさん。このわたしが先ほども言いましたように[3]、農業はとても人間に好意的な技術であり、温和な技術なので、見たり聞いたりするだけで、人をただちに農業の心得ある者にさせてくれるのです。一八 そして」と彼は言った、「いかにすれば人が最もよくその技術に携わることができるかについて、当の技術が多くを教えてくれます。たとえば、葡萄の木は、どこか

(1) オリーブ植え付けには親株の一部を切断して用いる。泥はその切断面を保護するためのものである。

(2) 泥の湿度を保ったり、悪天候で泥が流されたりしないために。

(3) 第十五章四。

近くに樹木があれば、その木に這い上っていって、葡萄に支えをしてやることを教えます。また、葡萄の房がまだ未成熟のときには、葉っぱを周囲に繁らせることによって、その時期には日に照らされた部分には蔭を作ってやることを教えます。一九　しかし、いざ葡萄の房が太陽によって甘く熟する時節になると、木が葉を落とすことによって、房を露わにさせて実を完熟させてやることを教えます。また、葡萄の房のあるものは完熟しあるものは未成熟であるのを示すような実り具合によって、ちょうど無花果をそのつど熟したものから収穫していくのと同じように、摘み取っていくことを教えるのです」。

第二十章

一　――さて、話がここまで来たところで、わたしはこう言った、「一体どうしたことでしょう、イスコマコスさん、農業に関することがそんなにも学びやすく、万人が等しくどのようになすべきかを知っているとすれば、どうして万人が等しくそれを営んでいるわけではなく、むしろ彼らのある者たちはものに恵まれた生活をして余剰物を蓄えてもいるのに、ある者たちは必要不可欠なものさえ手に入れられず、負債を背負い込んでいるのでしょうか」。

二「ではわたしがお話ししましょう、ソクラテスさん」とイスコマコスは言った、「ある者たちにはうまく事を運ばせるがある者たちには困窮に陥らせるのは、農業に携わっている者たちにその心得があるなしということではないからです。三　きっと（と彼は言った）、種を蒔くのに万遍なく蒔かなかったからといっをもたらしてくれるのかをまったく知らず、土地のもたらす実りも植物も見ることができず、土地についての真実を聞くべき相手もいないとしても、それでもすべての人びとにとって土地に取り組んでみることのほうが、馬に取り組んでみるよりもはるかに容易であり、また人間と取り組んでみるよりもはるかに容易ではないでしょうか。なぜなら、土地は人を騙そうとして何かを見せるようなことはせず、むしろ端的にできることできないことをはっきり明示し、ほんとうのことを伝えるからです。一四　わたしの思うに、土地はそのすべてを分かりやすく学びやすいかたちで提示することによって、悪人や怠け者を検証するに最善のものです。他の諸技術であれば、それを身につけていないということが、働こうとしない者たちの口実になりますが、土地の場合はそうは行かず、いい扱いを受ければそれによく応えることを誰もが知っているからです。一五　土地を扱う場合の怠慢は、魂が劣悪であることをはっきりと糾弾するものに他なりません。というのも、人間は生活必需品なしに生きていけるなどということは、誰一人として自分で自分を説得することもできはしません。他に金銭稼ぎのための技術を心得ているわけでもなく農業に携わろうという気もない者は、明らかに盗みか強奪かあるいは物乞いをして生活していこうと考えているか、さもなければ完全に理性を欠いているのです。一六　農業が収益をもたらすかもたらさないかに大きな差がつくのは（と彼は言った）、働き手がしかも多数いる場合に、ある農業家は働き手が所定の時間だけ仕事に従事しているよう指揮監督に当たるが、ある農業家はその指揮監督に当たらないことによります。たとえば、一〇人のグループ中一人の男が所定時間いっぱい働くことで容易に差がつきますし、あるいは他の男が所定時間前に仕事を離れることででも差がつくのです。一七　そして、働く者たちに一日中だらだらと働くことを許しておけば、全仕事量の半分は楽に差がつくわけです。一八　それはちょうど徒歩旅行の場合に、二〇〇スタディア[1]の行程に対して、二人のいずれも若くて健康な人間相互のあいだで、その速さが一〇〇スタディアも差がついてしまうようなもので、そうなるのは一方の者がずっと歩きつづけて、彼が目指していた地点まで到達するのに対して、他方の者は気の緩みで、泉のほとりや木蔭で休息したりあたりを眺め回したり、そよ風を探し求めたりしているからです。一九　そういう具合にして、仕事の場合にも定められた目標を目指して成し遂げようとする者たちと、それを成し遂げようとせずに、働かない言い訳を見つけ出してはだらだらと働くことを許されている者たちとでは、達成の度合いに大きな差がついてしまうのです。二〇　しっかり働く場合と指揮監督をいい加減にしている場合とでは、全面的によく働くか全面的に怠慢であるかというほどの違いがあるのです。葡萄の木がきれいに雑草を除去されているように掘り起こしをする場合に、掘り起こした結果、雑草がさらに増えてさらに繁茂するようなことになったとしたら、どうしてそれを怠慢だと言わずにいられるでしょうか。二一　そして、家産をすり減らすのは、まるきりの無知識よりも、むしろそれなのです。というのも、家産からの出費は目一杯支払われていくのに、働きのほうは出費に見合うほどに利益を達成できないとすれば、その結果として余剰ではなく損失がもたらされるとしても、もはや何ら驚くには当たりません。二二　しかしながら、指揮監督に当たることのできる者と一所懸命に農作業を行なう者にとっては、農業から最も効率よくお金を稼ぐ仕方があって、それをわたしの父は自分でも実行するとともに、わたしに教えてもくれました。つまり、こうです――よく手入れされた耕地を買い入れることを父はどんな場合にもけっして許さず、むしろ所有者の怠慢や無能のために手入れされず、植え付けもされないままになっている耕地をこそ買い入れるよう督励していました。二三　父の言うに、よく手入れの行き届いた耕地は高価になるし、しかも改善の余地がないが、改善の余地のない耕地はその分だけ楽しみも与えてくれないと彼は考えていました。それに対して、どんな所有物でも生き物でも、よりよい方向へと進展していくものはすべて大いに喜びをもたらしてくれると思っていました。そして、耕地が手入れされていない状態から豊かな実りをもたらすようになって行く以上に、より大いなる進展はありえません。二四　いいですか、（と彼は言った）ソクラテスさん、われわれはすでに多くの耕地を当初の値段の何倍もの値打ちのものにしたのです。しかも、ソクラテスさん、（と彼は言った）この方策は実に値打ちのあるものですし、また習得するに容易でもありますから、あなたが今それを聞いたからには、わたしと同じようにその知識を得てこの場を立ち去るでしょうし、もしもその気になれば、人に教えることもできるでしょう。二五　わたしの父もまたそれを人から学んだわけでも、熟考して見いだしたわけでもなく、ただ農業好きと努力好きのゆえに、そうした放置された耕地を欲しがったのでして、それが働く場となると同時に利益を得る喜びのためだ、と彼は言っていました。二六　つまりは、ねえソクラテスさん（とイスコマコスは言った）、わたしの思うに、わたしの父はアテナイ人の中でもとびきりの、生まれついての農業好きだったのですよ」。

（1）スタディオン（「スタディア」はその複数形）は、競技場の競走路（スタディオン）の長さを意味し、一スタディオンは一八〇メートル前後だが、国（ポリス）ごとに必ずしも一定ではない。したがって二〇〇スタディアは約三六キロメートル。

わたしはそれを聞いて、彼にこう訊ねた、「あなたの父上は手入れをした耕地を全部所有しつづけていたのですか、それとも高い値段がついたときには、売却することもあったのですか」。

「売却もしましたよ、ゼウスにかけて」とイスコマコスは言った、「しかしすぐに他の、手入れされていない耕地を代わりに購入していました。それは仕事好きのゆえのことでした」。
二七　「あなたの言われるところからすると」とわたしは言った、「イスコマコスさん、お父上は、貿易商人が穀物好きであるのに劣らず、ほんとうに農業好きだったのですね。それというのも、貿易商人たちもまたすこぶる穀物が好きなので、どこからなりと大量の穀物があると聞けば、それを求めてエーゲ海でも黒海でもシケリア海[1]でも押し渡ってその地へと航海するのですから。二八　それから、できるかぎり大量の穀物を手に入れると、海を渡って運搬し、しかも貿易商人自らが航海するその船に積み込むのです。そして、金銭が必要になると、どこでなりと行き当たりばったりに穀物を投げ売りするわけではなく、それにとりわけ高値をつけてくれると評判のところ、人びとがそれを最も高く評価してくれるところへと運搬して行って穀物を売り渡すのです。まさにあなたの父上も何だかそれと同じような具合に農業好きであったようですね」。
二九　それに対してイスコマコスはこう言った、「あなたはからかっているのですね（と彼は言った）、ソクラテスさん。わたしは、しかし、家を建て終えるとそれらを売り払って。それから他の家を建てるような人たちも、やはり建築好きの人たちだと思いますよ」。
「ゼウスにかけて、わたしはあなたに誓って言いますが[2]」とわたしは言った、「イスコマコスさん、すべての人はそこから利益がもたらされると思うそのものを生まれつき愛するというあなたの言を、まことわたしは信じて疑いません」。

第二十一章

一 「ところで」とわたしは言った、「イスコマコスさん、わたしは考えているのですが、あなたは何とうまく自説の援護となるよう議論全体を展開したことでしょう。つまり、あなたの説では農業の技術は全技術のうちで最も習得しやすいものであるとのことでしたが、今やわたしは、それはそのとおりだとあなたが語っていたことのすべてによって、すっかりあなたに説き伏せられてしまいました」。

二 「ゼウスにかけて」とイスコマコスは言った、「たしかに、ソクラテスさん、このこと、すなわち農業活動も政治活動も家政管理活動も軍事活動もすべて共通して人を支配するものであるが、その《支配する》ということは、人それぞれに知的判断力において大きな差があるというその一点では、このわたしもあなたに同意します。三 たとえば、三段櫂船で（と彼は言った）外海を渡る場合[3]、しかも一日中漕ぎつづけて航

(1) エーゲ海や黒海に比して用例の少ない呼称だが、ストラボン『地誌』（第二巻第五章二〇）によれば、シケリア島東岸（およびイタリア半島南端）とペロポネソス半島の間の海域。今日ではイオニア海に包括されている。

(2) 直前にイスコマコスが「あなたはからかっているのですね」と言ったのに対して、ソクラテスが本気の強い信念で意見を述べているのだということを表明している。

(3) 軍用船の場合には外海を一気に押し渡ることも普通に行なわれた。

海をやり終えねばならないという場合に[1]、水夫長[2]のある者たちは、人びとの士気を高めて労苦を惜しむまいという気にさせるような言葉を発し行動をとることができるが、ある者たちはまるで知力を欠いているために、同じ航海をやりきるのに二倍以上の時間を要することになります。そして、一方の乗組員たちは汗をかき、水夫長と部下たちがお互いに称賛し合いながら上陸していくのに対して、他方の者たちは、汗もかかずに到着するが、部下たちは指揮官を憎み、逆に彼らが憎まれもするのです。四　そして、軍事統率委員［将軍］たちもまた（と彼は言った）人それぞれにそうした差があって、つまりある軍事統率委員は部下が労苦を惜しまなかったり危険を冒したりする気にさせず、また言うことを聞こうと思うようにも、何が何でもやらなければならないことでもなければ、やろうという気にもさせないで、むしろ指揮官たちに逆らうことに得意になるようにさせるのです。また同じこうした軍事統率委員たちは、恥ずべきことが起こったとしても、それを恥と知ることのないようにもさせてしまうのです。五　他方、逆に神のごとき、すぐれた軍事統率委員で、知にも秀でた者たちは、今言ったのと同じ部隊を指揮しても、よくあるように他の部隊を預かっても、その兵士たちは恥ずべきことをなすのを恥じ、服従することがよりよいことだと信じ、個々人としても集団としても嬉々として服従し、労苦に耐えることが必要とあらばけっしてしぶしぶではなく労苦に耐えるようになるのです。六　で、個々人としての兵士たちにある種の労苦好きが醸成されるように、すぐれた指揮官たちの下《もと》ではその部隊全体に労苦好きが醸成され、何か立派なことをしているところを指揮官に見てもらいたいという名誉心が醸成されるのです。七　指揮官に対して部下たちがそうした繋がりを持った、そういう指揮官たちこそが最強の者となるのです。ゼウスに誓って言いますが、その指揮官たちは部隊の中で身体的に最もすぐれているわけではありませんし、槍を投げるにも弓矢を射るにも最もすぐれているのでもなく、また最良の馬を所持してあらんかぎり最もすぐれた騎兵として、あるいは軽装兵[3]として最前線で危険を冒すわけでもありません。むしろ、兵士たちをたとえ火の中にでも、あらゆる危険の中にでも付き随っていかなければならないという心構えを植え付けることのできる者なのです。八　まさに彼らをこそ、すなわち多数の兵士たちがそれらのことを認識しつつ従っていくような人物をこそ、《高邁な精神の持ち主》と呼ぶのが正しいでしょうし、その人物の知的判断力に多数の《手勢》が喜んで付き随っていこうという気になる、そうした者こそが《力強き手勢》を伴って進軍していると言われて当然でしょうし、また大事をなすに身体的力よりもむしろ知的判断力をもってすることのできるような者、彼こそが文字どおり《偉大なる人物》なのです。九　そうしたことは私的な仕事においても同様でして、監督者や管理者として仕事を取り仕切っている立場の者が配下の労働者を仕事に熱心でしっかり取り組み、しかも辛抱強い者にさせることができるならば、そうした者たちこそが、繁栄をもたらし多くの余剰を作り出すのです。一〇　そして、その仕事の場に主人が現われたときに、ソクラテスさん（と彼は言った）――その主人たる人は、働きの悪い者に

（1）三段櫂船では航海途上で本格的な食事は摂らず、定められた目的地に到着して（この事例の場合は一二時間分の行程）はじめて食事・休憩をする。指揮官の無能力のため所定の「二倍以上の時間を要した」場合には、まる一昼夜食事も休憩もなしに漕ぎつづけることになり、不平不満がつのるのも当然である。
（2）各三段櫂船の漕ぎ手の統率者で、舵取り人（艇長）の指示を声や合図によって全員に伝える。
（3）二七頁註（4）参照。

はきわめて厳しく叱責することもできれば、熱心に働いている者にはたんまり褒賞を与えることもできるのですが——、もし労働者たちに顕著な動きがなければ、わたしとしてはその人を羨ましいとは思わないでしょうが、しかし労働者たちが彼を見るなり、彼らのあいだに動揺が走って、一人ひとりに活力が降って湧き、お互いに対して我こそは一番の働き手なりとの功名心や名誉欲が一人ひとりに湧き起こるようであれば、その主人たる人のことを、わたしとしては、王の性格を備えていると言わせてもらいましょう。一一　そして、わたしに思われるところでは、これこそが人びとの手を通してなされるすべての仕事において最重要事であり、農業においても然りです。しかしながら、ゼウスに誓って、このこととなると最早《もはや》目で見れば学べるとか、一度聞けば学べるとか言いはしません。むしろそれを可能にせんものと思う者には教養(1)が不可欠だと主張しますし、また生まれつきのすぐれた本性が備わっていなければならず、さらに最も重要な事として、神のごとき者でなければならない、とも主張します。一二　というのも、この善きこと、すなわち支配されたいと望む者たちを支配することは、わたしに思われるに、全体としてけっして人の身に合ったことではなく、神々にこそふさわしいことだからであり、それが明らかに与えられるのは、本当の意味での思慮分別による秘儀を受けた者たちに対してだからです。わたしに思われるには、嫌々ながらに支配される者たちを独裁僭主として支配することを神々が定めとして与えるのは、支配される者たちが信ずるところでは、ハデス［冥界］におけるタンタロスのように生きるのが相応しい者たちなのです——ハデスにあって二度目の死に恐怖しながら永遠の時を過ごしているタンタロスのように(2)」。

西洋古典叢書

月報 156

2020＊第5回配本

ハドリアヌスの門（アテナイ）

【東面（オリュンペイオン側）からアーチを通してアクロポリスを望む】

2022年7月
京都大学学術出版会

シュンポシオン閑話

中務哲郎

饗宴と訳されることの多い古代ギリシアのシュンポシオン。共に《シュン》・飲む《ポシス》ことというのがその本義であるが、これを普通の飲み会と分かつものは二つある。まず、笛吹き女や遊女《ヘタイラ》は別として、女性は同席できない男だけの集まりである、食事を済ませた後の酒だけの会である、神への献酒をもって始める、場を仕切る役を選んで酒の割り方・飲み方・余興・話題などを決めさせる、等のルールに基づく会であったこと。第二に、ここからシュンポシオン文学とでも呼ぶべきものが生まれたということ。

シュンポシオンと銘打つ作品はたくさんあったが、今日に伝わり特によく知られるのは次の四つであろうか。プラトンの『饗宴』ではレナイア祭の悲劇競演で優勝したアガトンを祝う人たちが集まり、エロスをめぐる考察を披瀝し合う。原始のヒトは男男・男女・女女の二倍体人間であったという喜劇詩人アリストパネスの同性愛起源論はここで語られる。クセノポンの『饗宴』はパナテナイア祭、パンクラティオン少年の部で優勝したアウトリュコスのための宴を機会として、プラトン作品と同じくソクラテスの在りし日を描く。プルタルコスの『七賢人の饗宴』はコリントスの僭主ペリアンドロスの別邸にギリシア七賢人や寓話作家アイソポス（イソップ）が会して国政を論じるという構想であるが、食膳が下げられ、参加者に花冠が配られ、地に酒が注がれ、笛吹き女は短い演奏を終えて引き下がると特記されるのは、プルタルコスがシュンポシオンの儀式的要素を明確に示しておきたかったのであろう。ルキアノスの『饗宴またはラピタイ族』では調子が一変、プラトン派・ペリパトス派・ストア派・エピクロス派の哲学者に加えて文献学者・弁論家が結婚披露宴に参集するが、固より相手の揚げ足取りばかりを狙っているような連中とて談話は初めから喧嘩腰、終いには乱酔してケンタウロスとラピタイ族の戦い顔負けの狂態を演じる。半人半馬族とテッサリア地方の蛮族の戦いはアテナイ・パルテノン神殿の南面メトーペや、オリュンピア・ゼウス神殿の西破風の彫刻で知られるが、ルキアノスは哲学諸派の争いをそれになぞらえて饗宴の器に盛ったのである。

シュンポシオンは前七、六世紀の貴族社会で盛行したとされ、語としての sumposion は前六世紀半ばに活躍したテオグニスの教訓詩において初めて見える。曰く、

沈黙は饒舌な男にとって最もつらい苦痛だが、
男が声を発すると、その場にいる人々はうんざりし、
みなに嫌われる。やむを得ず、
酒宴でこういう男と交わる羽目に陥るものだ。

（『エレゲイア詩集』二九五―二九八、西村賀子訳）

同じような意味の sumposia の初出も酒と恋の詩人アルカイオスの抒情詩、

俺に酒宴を楽しませたけりゃ、
可愛いメノンを呼び寄せとくれ。

（断片三六八 Lobel-Page）

であるから、溯っても僅かに五〇年ほどでしかない。しかし言葉ができたのは後代としても、共に飲むという行動が大昔からあったであろうとは容易に想像がつく。そこで、上に述べたシュンポシオンの式事を備える以前の古き酒盛りのエピソードを二つばかり紹介したいと思う。

初めて葡萄酒を知った人たちも集まって飲んだが、思わぬ悲劇が生じた。穀物神デメテルと酒神ディオニュソスがアッティカ地方にやって来た時、デメテルはエレウシスの王ケレオスにもてなされ、その子トリプトレモスに麦の栽培法を教えた。一方酒神を歓待したのはイカリオスという男で、その礼として葡萄酒を、あるいは葡萄の木と葡萄酒の醸造法を授けられた。ところがイカリオスが村を巡り牧童を集めて葡萄酒をふるまったところ、彼らは初めて味わう酒を水で割らずに飲み過ぎ昏睡する者も出て、毒を飲まされたと思いこみ、イカリオスを打ち殺した。一人娘のエリゴネは忠犬マイラに父の死に場所を教えられ、悲しみの余り傍らの木で首を吊って死ぬ。これに憤ったディオニュソスがアテナイの娘たちの間に首吊り病を流行らせたため、

アテナイ人は神託に従って父娘を祀り、エリゴネの霊を宥めるために鞦韆《ブランコ》祭を創始した（アポロドロス『ギリシア神話』三・一四・七、ヒュギヌス『ギリシア神話伝説集』一三〇、ホメロス『イリアス』二二・二九への古註A、他）。

乙女座のε星がVindemiatrix（葡萄を摘む女。アラトス『星辰譜』一三八（竄入行）でprotrugēter（葡萄摘みの先触れ））と呼ばれるのは、このエリゴネが死後、神々の計らいで乙女座にされたからである。因みに、イカリオスは熊を見張る者《アルクトゥロス》（牛飼座の主星）となり、マイラは大犬座のシリウスになった。鞦韆《ブランコ》で高く揚がるのは、力の衰えた太陽を甦らせるための、また穀物を丈高く成長させるための呪いとして世界各地で行われる儀礼であるから、エリゴネは葡萄のみならず植物一般の霊なのであろう。

求婚者の集まりはシュンポシオンの恰好の舞台となる。前六世紀初め、シキュオン（コリントスの西方の都市）の僭主クレイステネスは、有力な都市と縁戚を結ぶことで国力を上げようと考えた。彼はオリュンピア競技祭の四頭立戦車競走で優勝した折りに、娘アガリステに三国一の花婿を選ぶつもりであると広告した。ギリシア各地は固よりイタリア（マグナ・グラエキア）からも、家柄や富、剛力や美貌、知力や気性で恃むところのある若者が一三人集まった。クレイステネスは一年の間、彼らを盛大にもてなしながら、各人の能力、教養、人柄などを試していたが、アテナイから来たヒッポクレイデスが一番気に入るようであった。いよいよ花婿を発表する日となり、クレイステネスは全市民をも招いて大宴会を催す。食事が終わって酒宴《ポシス》となり、求婚者たちは音楽の技やスピーチの力を競ったが、やはりヒッポクレイデスが断然他を圧していた。ところが彼は笛吹きを呼ぶと曲に合わせて踊り出し、更にはテーブルに跳び乗って、まずはラコニア踊り、次いでアッティカ踊りをやってみせ、揚句の果てに逆立ちして、手振りならぬ脚振りで逆立ちダンスをする始末。先刻から苦々しい思いでこれを見ていたクレイステネスがたまりかねて、「ヒッポクレイデスよ、お前は縁談を踊り落としたぞ」と言えば、こちらは「ヒッポクレイデスは意に介さぬぞ」と応じた（ヘロドトス『歴史』六・一二六以下）。

クレイステネスはアテナイから来たもう一人の青年、アルクメオンの子メガクレスに娘を嫁がせることにしたが、その結婚から生まれたクレイステネス二世はアテナイに民主制を確立した人物であり、更にその姪から生まれたのがアテナイに黄金時代をもたらしたペリクレスである。

クレイステネスがアテナイと誼を通じたいと望んだこと

や、この頃アテナイでアルクメオン家が威勢を揮っていたことは史実であるが、クレイステネスの婿選びは昔話が史話化したものであろうと考えられている。

世界の始まりの頃、獣類は獅子を、魚類は歓喜魚《アーナンダ》を、鳥類は金の白鳥を王とした。白鳥王が娘のために一切鳥類を雪山《ヒマーラヤ》に集めると、娘は美しい孔雀を婿に選ぶ。喜んだ孔雀は恥を忘れ罪も怖れず衆鳥の中で羽根を広げて踊り始め、踊りながら着物も脱いでしまった。白鳥王はこんな無恥無慚な奴に娘はやれぬと、甥の白鳥に嫁がせた（『ジャータカ』三二「舞踊本生物語」）。

このような動物昔話あるいは動物寓話が古くインドで作られ、「本生経《ジャータカ》」に取りこまれる一方、西漸してギリシアの歴史的事件に化けたというのである。

クレイステネスが花婿候補の品定めには酒宴が最も適当だと考えたのは、プラトンも言うように「酒は真実（正直）」（『饗宴』二一七E）であり、酒は最も安全安価で手っ取り早い試験法（『法律』六五〇B）だからであろう。この主旨の発言も、やはり詩人アルカイオスの「酒は人の心の覗き窓」（断片三三三 Lobel-Page）というのが最も古い。これは「金や銀は熟練職人が火に入れて／見分けるが、人の心は酒が顕す」（テオグニス『エレゲイア詩集』四九九以下）、「青銅は姿の鏡、酒は心の鏡」（アイスキュロス、断片三九三）、「（なみなみと注がれた杯は）本性を映す鏡」（前五／四世紀の喜劇詩人テオポンポス、断片三三）、等の類想句を生み、やがて **en oinō alētheia**（酒中真あり）の諺となる。ローマ人はこれを訳して **in vino veritas**（酒中真あり）としたが、たちまち **in vino feritas**（酒中蛮行あり）のパロディが作られた。

エジプト人富裕層の酒宴では、人間の死骸に象った木像を棺に入れて宴の客に見せて廻ったという（ヘロドトス『歴史』二・七八、プルタルコス『七賢人の饗宴』一四八A、他）。名高い「トリマルキオンの饗宴」でも銀製の骸骨模型が持ち出され、人は皆やがてこうなる、命あるうちに楽しもうと歌われる（ペトロニウス『サテュリコン』三四）。するとこの酒宴の奇行の主旨は **Carpe diem**（その日の華を摘め。ホラティウス『歌集』一・一一・八）の意に近くなるが、しかしフォルスタフが髑髏に重ねて言う **Memento mori**（死を忘るなかれ。シェイクスピア『ヘンリー四世』第一部、三・三）の遠い先祖ではないかとも思えるのである。

（西洋古典文学・京都大学名誉教授）

「西洋古典叢書」創刊二十五周年を迎えて

言葉をさがして

髙橋宏幸

西洋古典叢書が創刊から二十五周年を迎えた。喜びにたえない。長いあいだに積み重ねられた叢書の厚みと深みは刊行を支えた訳者諸賢、京都大学学術出版会のみなさんの貢献と努力の賜物以外のなにものでもないと思う。

個人的には、一九九七年創刊の一冊となった『セネカ悲劇集1』に訳者の一人として名前を連ねられたことがたいへん幸せであるとともに誇らしい。以来、ラテン文学計六作品の翻訳を古典叢書に収めてもらった。その経験から、この拙文を目にされる方の多くは西洋古典叢書の読者であるとは承知するものの、ここではあえて、叢書刊行がさらに五十年、百年と続くようにとの思いも込めて、これから翻訳に携わる方々に向けて伝えられることを記してみたい。

翻訳は、結局、言葉をさがす作業だと思う。ただ、そこには、語義、文意、文と文のつながり、また、語調や文のリズムなど、考えるべき要素が多々ある一方、それぞれを切り離して個別に対処することはできない。加えて、一つの言葉にも複数の含意がある。とりわけ、古典語にはそれが著しく、ときに正反対の意味を表わしうる語彙もある。それら可能な含意のいずれが目の前の用例に適合するのか悩ましいことも多い。この悩みを解決するには、文脈というものを把握しなければならない。

文脈には、語句の慣用の文脈、文章の直接的文脈、作品が属するジャンル特有の常套の文脈、作品が踏まえる先行作品との関連における文脈などが考えられる。語句や文章の範囲なら、困難にぶつかることはあっても問題はそれほど多くも大きくもない。けれども、ことが作品全体に関わるとなると注意深く慎重な対処が求められる。と言うより、関わりのあることすべてを訳文に反映するのは絶望的に無理である。訳註や解説において補う他ない。

ここから翻訳について二つのことが言えるように思う。一つには、原典とは別個の一つの作品を意図しないかぎり、翻訳は妥協の産物にならざるをえないということである。これは至極当然の否定的な面だが、他方には肯定的な面もある。翻訳を通じて一つ一つの言葉に関わる多層的な文脈が仔細に検討されるとすれば、それはとりもなおさず、作品理解に向けた着実な実践だと考えられる。

これら否定的な面も肯定的な面も、個人的にはこれまで裨益することが多かった。後者が自分の研究にとって有意義であったことは言うまでもなく、前者もまた翻訳に際していつも肝に銘じて謙虚さを保つ戒めとなったからである。

ここまでは主に含意という面から記してきた。このあとは韻文のリズムという面から二つほど触れてみようと思う。

一つは固有名詞の表記に関わる。固有名詞はほとんどの場合、日本語に置き換えられることがない。つまり、原語の音韻をそのまま移しうる語彙であり、それにともなって古典語の響きとリズムをわずかながらでも伝える言葉である。この点で、古典叢書が――現在は訳者の意向に配慮がなされているものの――当初の編集方針として一律に長音を無視することとしたのは残念なことだったように思う。そこには込み入った問題もあり、主観的要素も絡むとは思われるものの、ギリシア語とラテン語のリズムが音節の長短によって支配されることを考えれば、そのほんの香りだけでも通わせる窓は、少なくとも韻文作品においては十分に開かれておくべきように思われる。

もう一つは行分けのフォーマットに関わる。古典叢書は韻文作品について一行の字数三三以内で行分けする体裁をとり、五行ないし一〇行ごとに行数を示している。このフォーマットを生かすには、少なくとも、ヘクサメトロスやエレゲイアでは、行ごとの意味内容を可能なかぎり原文と訳文のあいだで一致させるのがよいと考えている。勝手な思い込みもあるかもしれないし、喜劇や抒情詩などでは事情が違うかもしれない。けれども、とくにヘクサメトロスでは行頭と行末が強意の位置とされ、それらに囲まれた詩行には一定のまとまりが意識されている。この意識が基本にあるので、一つの文が次の行にわたる行跨ぎも効果を示すことになり、その連なりによってリズムが生まれる。

文の連なりとリズムの関係は語順の重要性にあらためて目を向けさせる。そもそも、韻文にかぎらず、語順は思考の経路や出来事の推移を反映するので、それ自体が意味を担っている。その意味は、日本語の通常の語順からすれば極端な倒置を援用しても、あるいは、文と文の連接を組み替えるなど原文と著しく異なる構文を採用しても伝えたい場合がある。そして、そこにおのずとリズムがともなうなら、これ以上のことはない。

最後に、古典叢書の刊行が次代へ、また次へと続くことをあらためて祈念して拙文を閉じることとしたい。

（西洋古典学・京都大学名誉教授）

西洋古典叢書

［2020］全5冊

★印既刊

●ギリシア古典篇

クセノポン　ソクラテス言行録　2★　内山勝利 訳

ポルピュリオス　ピタゴラス伝／マルケラへの手紙／ガウロス宛書簡★　山田道夫 訳

●ラテン古典篇

オウィディウス　変身物語　2★　高橋宏幸 訳

ヒュギヌス　神話伝説集★　五之治昌比呂 訳

リウィウス　ローマ建国以来の歴史　6★　安井　萠 訳

●月報表紙写真――ハドリアヌス（後七六―一三八年）は第十四代ローマ皇帝で、五賢帝の一人。帝国の拡張政策をやめて安定化を図るとともに、文化面での充実に注力した。特にギリシアを愛し、当時凋落していたアテナイの復興に努めた。長年放置されていたオリュンポス・ゼウス神殿を完成させ、内陣に巨大ゼウス像を造置したのも彼であった。元来はその神域（オリュンペイオン）の北西角の入口に建てられた（後一三一年）のがハドリアヌスの門で、コリント式円柱とアーチ構造の組み合わせでギリシアとローマを優美に融合させている（高さ一八メートル）。アーチ部のすぐ上の狭いフリーズに銘文が刻まれ、西面には「ここはアテナイ、テセウスの古きポリスなり」、神域側の東面には「ここはハドリアヌスのポリスにて、テセウスのものならず」とある。（一九八二年五月撮影　高野義郎氏提供）

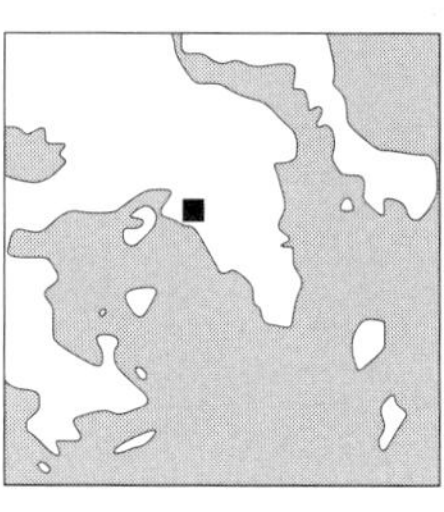

(1)「教養(*παιδεία* パイデイアー)」とは、専門職業的な知識・技術に対して、豊かな人間性を涵養するための学び事のことで、哲学もそれに当たるが、ソフィスト教育もそれを眼目としていた。

(2)タンタロスはゼウスとプルト(クロノスの娘)のあいだに生まれた(他の説もあるが)神話伝説上の存在で、小アジアのシピュロス山一帯のリュディア、パプラゴニア地方の王でありながら、オリュンポスの神々の宴会にも列せられ、不死の身体を与えられていた。しかし神々へのもてなしとして息子のペロプスを殺し切り刻んで供したことで彼らの怒りを買い、ハデス(冥界)の最奥のタルタロスに落とされ、そこで永遠の劫罰として、ホメロスによれば、沼の上の果樹に吊されながら水を飲むことも果実を口にすることもできずに永遠の飢えと渇きに苛まれているとされる(『オデュッセイア』第十一歌五八二以下)。ただし、後代の伝承では、タンタロスは巨岩あるいは山の下に横たえさせられ、それが落ちてくるのではないかという恐怖に常に苛まれつづけているとされ、ここで「ハデスにあって二度目の死に恐怖しながら」と言われているのは、それを踏まえているのであろう。なお、ペロプスは後に神々の手で復活し、ギリシア本土に移りその支配地をペロポネソス(ペロプスの島)と命名した。また妻ヒッポダメイアとのあいだに生まれた子供たちの子孫は「呪われた一族」としてきわめて多数の神話を彩っていく。

酒宴

第一章

一　ところで、[1]《立派ですぐれた人たち[2]》のすることは、本気で取り組んでなされているときのことだけでなく、娯楽に時を過ごしているときのこともまた記録にとどめておくに値するとわたしには思われる。わたしがそのことに気がついたのはどんな人たちと居合わせたときのことだったか[3]を明らかにしておきたい。

二　大パンアテナイア祭[4]の騎馬競走があった日のことだった。その頃ちょうどヒッポニコスの子のカリアス[5]は、少年のアウトリュコスに恋をしていて、パンクラティオン[6]で優勝したばかりのその少年を連れて騎馬競走[7]の見物にやってきていた。騎馬競走が終わると、アウトリュコスと彼の父親を伴ってその場を立ち去り、ペイライエウス[8]にある自宅に向かおうとしていた。ニケラトスもカリアスに付いてきた。

三　しかし、ソクラテスとクリトブウロスとヘルモゲネスとアンティステネスとカルミデスが一緒にいるのを目にすると、アウトリュコスたちの道案内は誰かにさせることにして、カリアス当人はソクラテスたち一行に近づいて行ってこう言った、**四**「何と折よくあなた方と出会ったことでしょう。これからアウトリュコスと彼の父親をもてなそうというつもりなのですよ。そこで思うのですが、もしわが家の客間があなた方のような、魂の浄められた人たちの臨席をたまわるとなれば、軍事統率委員［将軍］だの騎兵隊長だの、あるいは猟官に汲々としている者たちやらに居並ばれるよりも、もてなしの段取りはずっとはるかにきらびやかなものになることでしょう」。

（1）「ところで（δέ）」には承前的な要素が含まれており、『家政管理論』の冒頭などと同様に他作品（とくに『ソクラテス言行録』）との繋がりを感じさせるが、ここではその連関はさほど強くはないようにも思われる。もっとも、著者にとってSocratica四作品はすべて一連のものという意識があるのかもしれない。

（2）「立派ですぐれた人たちκαλοὶ κἀγαθοί」はクセノポンにとってすぐれた市民の理想的あり方（καλοκἀγαθία カロカーガティアー）を体現した人たちを表わす言葉。四一頁註（3）参照。

（3）著者クセノポンがこの場に「居合わせた」というのは、明らかなフィクションである。「解説」二三七頁参照。

（4）パンアテナイア祭はアテナイの守護神アテナのための祭典で、夏至後の新月に始まるアテナイ暦の新年最初の月（ヘカトンバイオン月）の終わり頃に行なわれた。とくに大パンアテナイア祭は四年に一度の大祭で、ここで言われているのは前四二二年のものであると考えられる（「解説」二三七頁参照）。

（5）以下この酒宴に列席した多数の登場人物については「解説」二三八頁以下参照。

（6）パンクラティオンはレスリングとボクシングを併せたような、いわば「何でもあり」の最も激しい格闘技。その勝利者は最強の運動家として称賛された。アウトリュコスは少年の部の優勝者である。

（7）騎馬競走はペイライエウス（次註）の南に隣接する沿岸地域パレロンの海岸で行なわれた。

（8）ペイライエウスはアテナイ南西部にある外港で、市域とは長城壁で繋がっていた。アテナイの軍港であるとともに、海外貿易の拠点として殷賑を極め、多数の居留民（メトイコイ）が居住していた。アテナイきっての大富豪一族のカリアスは、市内にも大豪邸を有していたが、ペイライエウスにも別邸のようなものがあった。

五　それに対してソクラテスは言った、「君はいつだってわれわれを見下《くだ》しながら、物笑いの種にしている。君のほうは、英知を得ようとして、プロタゴラスやゴルギアスやプロディコス(1)やその他多くの人たちに多くの金銭を貢いでいるのに、われわれたるや、君の見るに、『哲学』の自家製造者(2)とでも言うべき者たちだというわけでね」。

六　するとカリアスは「以前には、なるほど」と言った、「知恵の数々を披露できるのにそれをあなた方に隠していたけれど、しかし今は、もしもあなた方がわたしの所にお出でいただければ、このわたしが大いに真剣に相手とするに足る者であることをあなた方にお示しいたしましょう」。

七　ソクラテス一行は、当然のことながら、最初のうちはその招待に謝意を表しながらも食事に列席する約束をしようとしなかった。しかし、もし彼らがついて行かなかったなら、カリアスがすっかり気を悪くすること明々白々だったので、一緒について行った。彼らのあとからカリアスの許へやって来た人たちは、身体の鍛錬と香油の塗布をすませており、さらにある者たちは入浴もすませていた(3)。八　さてアウトリュコスが父親の傍らに座を占めると、他の人たちも通例どおり寝椅子(4)に身を横たえた。

その場の様子に気づいた者なら、きっとただちに美とは本来的に何か王のごときものであると思ったことだろう、――とりわけそれを、そのときのアウトリュコスがまさにそうであったように、慎しみの念と思慮分別と併せて誰か一人がそれを獲得しているとなれば、なおさらのことだ。九　すなわち、まず第一に、あたかも夜間に燈火が輝くとすべての人びとの目がそれに引き付けられるように、そのときアウトリュコスの美しさがすべての人びとの視線を彼に惹き寄せた。そして次には、彼を見やっている人たちは誰一人としてその少年に心打たれずにはいず、ある者たちは黙り込み、またある者たちは何らかの身振りでそれを示していた。一〇　神々のどなたかに憑かれた者はすべて誰しもがなかなかの見ものだと思われるが、しかし他の神々によってであれば、むしろ見るからに凶暴で、恐ろしい声を発し、凄まじい有様を呈するようになるものだが、[5]思慮分別あるエロース神によって神懸かりになった場合にのみは、眼差しはより柔和となり、声はより穏やかになり、身振りはより自由人らしいものになるものである。それこそがまさにそのときカリアス

(1) いずれも当時の名だたるソフィストたち。アブデラのプロタゴラス（前四九〇／八〇頃―四一〇年頃）は職業としてのソフィスト業の創始者でありその第一人者であった。「万物の尺度は人間である」とする真理相対主義で知られる。シケリア（シチリア）島レオンティノイのゴルギアス（前四八三頃―三七六年頃）は故国の有力政治家であったが、前四二七年頃にギリシア本土に亡命、以後ソフィストとして名を成した。弁論術に長じ、また文章術についても大きな影響を残した。ケオスのプロディコス（前五世紀後半、ほぼソクラテスと同年代）は故国の外交使節としてしばしばアテナイを訪れ、その間ソフィストとしても活動。類似語の厳密な規定と使い分けなど、言葉の正確な用法を教えることを特技としていた。プラトン『プロタゴラス』はこの三人がそろってアテナイ市内のカリアス邸に滞在しているという設定がされている。

(2) 知の伝授を職業とするソフィストたちに弟子入りするのではなく、ソクラテスを中心とした私的なグループによる対話的な哲学活動に参加している人たちという意味で、こう自称したもの。

(3) アウトリュコスたち。彼らは、ソクラテスたちと違ってあらかじめ招待されていたので、身ぎれいにして正装で列席したわけである。

(4) 宴会（酒宴）は、大きな部屋に整然と配された寝椅子（ベッド）に列席者が横たわりながら行なわれた。

(5) プリュギアの女神キュベレに仕えるコリュバスたちやディオニュソス（バッコス）を奉ずるバッコスの徒たちのことを言っている。

がエロース神ゆえになしたふるまいで、すでにこの神への秘儀に与っていた、かの人たち[1]には見ものの光景であった。

一一　さて、参会者たちは黙々と食事を摂っていた。その様はあたかもより力に勝る何者かによって彼らに指図されているかのようであった。そこに道化者のピリッポスが扉をたたいて、それを聞きつけた者に、自分が何者で、どうして列席させてほしいかを伝えるようにと言った。彼は他人の会食にありつけるよう必要なものすべてを整えてこの場に来ていると言い、また彼の奴隷は何一つ持ち運んではいないので、しかも朝から何も食していないので、すっかりぺしゃんこになっていると[2]言った。一二　するとそれを聞いてカリアスは言った、「いやしかし、皆さん方、屋根を惜しむ[3]のはみっともないことです。ですから、彼を入れさせなさい」。それと同時に彼がアウトリュコスを見やったのは、明らかにその冗談がその人にどう思われたかを探ろうとしてのことだった。

一三　ピリッポスは会食が行なわれている広間[4]の入口で立ち止まり、こう言った、「わたくし奴《め》は皆さまご存じの道化者にございます。会食には呼ばれて列席するよりも呼ばれずに列席するほうがより愉快なものだと考えて、ここに参りました」。

「では、横になるがいい」とカリアスは言った、「この場にいる人たちは、見てのとおり、生真面目さには満腹しているが、笑いにはおそらくひもじい思いをしているだろうからね」。

一四　一同が食事を摂っているあいだに、ピリッポスはすぐにも何か滑稽なことを言おうとしていた。彼が会食に呼ばれるときにはいつでも眼目はそれだから、その目的を果たそうとしたのである。しかし、笑いを巻き起こせないとなると、彼は明らかに気を腐らせた。しばらくしてからふたたび別の何か滑稽なことを言おうという気を起こしたが、そのときも彼を笑ってもらえなかったために、彼は途中で食事を取りやめ、顔を覆い隠して横に寝そべってしまった。

一五　するとカリアスが言った、「これはどうしたことかね、ピリッポスよ。苦痛でも起きましたか」。すると彼は呻き声をあげて言った、「ゼウスに誓って、（と彼は言った）カリアスさん、とても苦しいのです。というのも、人びとのあいだから笑いが絶えてしまい、わたしのやることがなくなっているからですよ。以前は、わたしが会食に呼ばれていたのは、そこに集った人たちがわたしの言うことなすことを笑って楽しむためだったのです。しかし今では、何のために人はわたしを呼ぶのでしょうか。このわたしたるや、生真面目になることは不死の身となること以上にできそうにありませんし、さりとてまたお返しの招待をしてくれるだろうと考えてわたしを呼んでくれる人もいないでしょう。何しろ、わたしの家に会食用のご馳走が運び込まれることさえまるで試しがないことは、誰でも知っているとおりなのですから」。こう言いながら彼は鼻水をすするとともに、明らかに涙声になっているらしかった。一六　そこで一同の者たちは、次はきっと

(1) とくにソクラテスは常に「エロースの徒」を自称していた。

(2) 重い荷物を担がされた男が「ぺしゃんこになる」と言うのは、ギリシア喜劇での常套セリフ（アリストパネス『蛙』冒頭参照）。ここではそれをさらに捩《もじ》って、重い荷物のせいではなくて朝から何も食べていないために「ぺしゃんこになっている」というジョークが仕立てられている。

(3) 「家の中に入れてやるのを拒む」ということ。

(4) 「広間（ἀνδρών アンドローン）」は文字どおりには「男性部屋」。家屋のメイン・ルームで、応接間でもあり、もっぱら主人が使用した。

笑うからと言って彼を励まし、食事をするようにと促した。クリトブウロスはピリッポスの愁歎ぶりに声を立てて笑い出した。ピリッポスはその笑いを耳にすると、顔の覆いをとって、いざ戦《いくさ》[1]はこれからだ、と己が心を勇み立たせて、ふたたび食事にかかった。

第二章

一　さて、食卓が片づけられ、灌奠《かんてん》の酒を注ぎ[2]、賛歌（パイアーン）[3]を歌い終えたとき、彼らのところへ一人のシュラクウサイ人[4]が、上手な笛吹き女と曲芸のできる者たちの一人である踊り子とまさに若い盛りでとても見事に竪琴を弾き踊りを踊る少年とを引き連れて、演芸のためにやって来た。この男は、それらを見世物にすることで途方もない金銭を稼いでいた。二　列席者のために笛吹き女が笛を吹き、少年が竪琴を弾いて、その二人が十分に座を楽しませていると心底思われたそのとき、ソクラテスが言った、「ゼウスにかけて、カリアスよ、君はわれわれを完璧にもてなしてくれている。供してくれた食事は非の打ち所がないものだったし、見もの聞きもののいずれも極上のものを提供してくれています」。

三　するとカリアスは言った、「では、われわれに誰か香油をも持ってくるようにしましょうか。香りのよさをも堪能するためにね[5]」。

「いやいや、やめてくれたまえ」とソクラテスは言った、「衣服もあるものは女性が着て美しく、あるものは男性が着て美しいように、香りもまたあるものは男性に相応しく、あるものは女性に相応しいのだよ。というのも、男性は誰一人としてまずは男性を目当てに香油を塗りはしないし、しかしまた女性たちでも、とりわけ、ちょうどここにいるニケラトスの夫人やクリトブウロスの夫人のように、新婚妻であれば、どうして香油などことさらに必要とするだろうか。四　彼女たち自身がその香りに匂い立っているからね。また女性たちにとって体育場にオリーブ油の香りが満ちているのは香油よりも快いし、その香りがなければ香油以上に求めたくなる。それというのも、香油を塗ったならば、奴隷であれ自由人であれ、たちまち皆誰しもが同じ香りがしてしまう。それに対して、自由市民に相応しい労苦の営みによって発せられる香りは、もしそれが快くて自由市民らしいものたらんとするならば、何よりもすぐれた行ないと、しかも長い時間を要するものだ」。

するとリュコンが言った、「そういうのは若者向きの話ですね。われわれのようにもはや体育の訓練など

(1) *συμβολαί* (pl.) には「戦《いくさ》、交戦」の意と「(会食の場における) 貢献」の意が掛けられている。

(2) 宴会で大地に感謝を表わし、その場を浄めるためにワインを床や地面に注ぐ儀式。

(3) さまざまな機会にその場に相応しい賛歌（パイアーン）が歌われる。これをもって、いよいよ酒と談論を主とする本来の宴会（*συμπόσιον* シュンポシオン）が始まる。

(4) シュラクウサイはシケリア（シチリア）島の都市国家の一つで、当時全ギリシアの中でも最も栄えていた。この地はコリントスと並んで芸能や遊興の盛んなことでも知られていた。この町出身の男に率いられた芸能人グループが宴会を盛り上げるために呼ばれているのである。

(5) 目の楽しみ（見もの）、耳の楽しみ（聞きもの）に鼻の楽しみ（香り）を付け加えようということ。宴席では上質の香油が振りまかれたり振りかけられたりするのが通例のことであった。

していない者たちは、どんな香りが求められるのだろうか」。

「《立派ですぐれたあり方》の香気だよ、ゼウスにかけて」とソクラテスは言った。

「で、その香料はどこで手に入れられるのですか」。

「ゼウスに誓って」と彼は言った、「香料店からは手に入らないね」。

「しかし、ではどこからでしょうか」。

「テオグニスはこう言った、

善き者らによりて善きことを学ばん。されど悪しき者らと
立ち混らば、今持てる英慮をも失わん。(1)

とね」。
五　するとリュコンは言った、「今の言葉を聞いているかね、息子よ」。
「むろん彼は聞いているとも、ゼウスに誓って」とソクラテスは言った、「しかもそれを実践してもいますよ。何しろ彼はパンクラティオンの優勝者になりたいと思っていたので、〈この競技で最もすぐれていると思われる人を(2)〉あなたとともに調べ上げて、〈その人と交わったのだった。同様にしてもし今度は《立派ですぐれたあり方》を学びたいと思うのなら、〉ふたたびこの事柄に対する修練に十二分であると彼に思われる人をあなたとともに調べ上げて、その人と交わることだろう」。
六　ここで多くの列席者たちが口を開いた。そして彼らの一人はこう言った、「彼は一体どこでそうした

ことの教え手を見いだせるのだろうか」。またある人は、そうしたことは教えられるものではないと言い、また別のある人は、何かしら他のことが学びうるのなら、このこともまた学びうるはずだと言った。[3] 七 そしてソクラテスは言った、「このことは意見の分かれる問題だから、また別の折にとっておくことにして、今は、目の前のことに片をつけることにしよう。ここに踊り子が位置についていて、人が何か輪のようなものを彼女に手渡そうとしているのを、わたしは目にしているところなのでね」。

八 さてそれから他の娘が彼女に合わせて笛を吹き、もう一人が踊り子の傍らに立って、彼女に輪を渡していった。その輪は一二個にまでなった。踊り子は、輪を受け取りながら同時に踊りつづけるとともに、音を立てて廻る[4]それらの輪を、どれほどの高さに投げればリズムに合わせて受け取ることができるのか見当をつけながら、投げ上げていた。

（1）テオグニスはメガラ出身のエレゲイア詩人で、前六世紀半ばを中心に活動。一三八〇行ほどが彼の詩行として伝えられているが、偽作と見なすべきものも多く含まれている。引用は彼の『エレゲイア詩集』三四―三五行。同詩行は『ソクラテス言行録』第一巻第二章二〇、プラトン『プロタゴラス』九五Dにも引用されている。

（2）ここに語句の欠落が想定される。直後の〈 〉と併せた補訂案（原文では一連のもの）を示しておく。

（3）《立派ですぐれたあり方》（徳）は教えられうるか、いかにして身につけうるかということは、当時（とくに前四世紀前半）盛んに論じられた問題であった。プラトン『メノン』参照（クセノポンはこの「対話篇」を意識していたとも考えられている）。

（4）各輪には回転につれて音が出る部品がついていたのであろう。

九　そこでソクラテスは言った、「他の多くの場合にもそうだが、ねえ諸君、この少女がしていることからしても、明らかに女性の本性は男性の本性にいささかも劣るものではないのだ。ただし、知的判断力と身体的な力では及ばないところがあるにしてもね。だから、君たちの中で妻を持っている者は、彼女に心得ておいてもらいたいと思うことがあれば何なりと逡巡せずに教え込むことだ[1]」。

一〇　するとアンティステネスが「ではどうして」と言った、「ソクラテスさん、そうだと知りながら、あなたこそクサンティッペ[2]を教育しないで、当今の女性たちの中でのみならず、私の思うに、過去の女性たち、未来の女性たちの中でも最も手に負えない者との関わりをつづけているのですか」。

「それはね」とソクラテスは言った、「馬の扱いに長けた者になりたいと思う人がごく大人しい馬ではなく、きわめて気性の荒い馬を手に入れるのを見ているからだよ。つまり彼らは、そういう馬を制御できれば他の馬を扱うのは容易なことだと考えているわけだ。だからわたしも、世間の人たちとつき合って仲良くやっていきたいと思って、彼女を妻としているのだよ、――彼女に辛抱できれば、他のどんな人とでも容易にうまくやっていけるだろうということは、よく分かっているからね」。この言葉は、あながち的外れな言い方ではないものに思われた。

一一　そのあとまっすぐな刀がびっしり周囲に差し込まれた輪が運び込まれた。そして先ほどの踊り子が刀の輪に飛び込んだりそこから飛び出したりした。それで、それを見物している者たちは彼女が傷を負うのではないかと恐ろしがっていたが、踊り子はひるむことなく、そしてしくじることもなくその芸をやり遂げた。一二　そこでソクラテスはアンティステネスに呼びかけてこう言った、「これを見物している人たちであれば、もはや勇敢さもまた教えられるものではないと言って異論を唱えることはないと思うのだがね。何しろこの踊り子は、女性であるにもかかわらずかくも果敢に刀剣の中に飛び込んでいくのだから」。

一三　するとアンティステネスは言った、「ではここにいるこのシュラクウサイ人としては、その踊り子にこの国で演技させて、アテナイ人が彼に金銭を払えばすべてのアテナイ人を林立する敵の槍に向かってひるむことなく突進していくようにさせましょうと言うのが最善なのでしょうか」。

一四　するとピリッポスが「ゼウスにかけて」と言った、「わたしとしては、このさい民衆煽動家のペイサンドロス(3)が短剣の輪の中にとんぼ返りで飛び込むことを学んでいるところを見物できれば喜ばしいですね。

(1) 三〇歳前後の男性が十代半ばの女性と結婚するのが通例であったことにもよろうが、同じ考え方は『家政管理論』第七章四以下にも詳述されている。もっとも、この著作に登場するクリトブウロス、ニケラトス、カルミデスらはかなり若くして結婚している。

(2) クサンティッペの悪妻伝説はもっぱらこの箇所と『ソクラテス言行録』第二巻第二章に由来する。必ずしも事実とは断定しがたい。

(3) 民衆煽動家とは民主派政治家のうちとくに激しく一般大衆の立場を主張した人たちで、ペイサンドロスもその一人。彼はアリストパネス喜劇でもしばしば槍玉に挙げられていて(『平和』三九五行、『鳥』一五五三行以下、『女の平和』四九〇行など)、そこでも臆病さを難じられている。ただしトゥキュディデス『歴史』では比較的高く評価されている(第八巻五三、六八)。

彼ときたら今は林立する槍を正面から見返すことができないので、従軍に加わろうともしないのですよ」。

一五　つづいて少年が踊った。そこでソクラテスが言った、「あなた方はお分かりですかね（と彼は言った）、まことに美しい少年だが、しかし静止しているときよりもいろいろな仕草で踊っているとよりいっそう美しく見えるということに」。

するとカルミデスが言った、「どうやらあなたは彼の踊りの師匠を褒めているらしいですね」。

一六「そう、ゼウスに誓って」とソクラテスは言った、「それに他にもさらにちょっと気づいたことがあるのでね。つまり、あの少年が踊っているあいだ、身体のどこも働きをやめていることはなく、首も脚も手も一緒に運動していた。しなやかな体つきにしようとしたら、そういう具合に踊らなければならないのだよ。このわたしもまた（と彼は言った）、シュラクウサイのお人よ、踊りの仕草を君から学べればとても嬉しいのだがね」。

すると彼は言った、「それを習ってどうするおつもりですか」。

一七「踊るつもりだよ、ゼウスにかけて」。そこで一同が笑い出した。

するとソクラテスはきわめて真面目な顔で「君たちは」と言った、「わたしのことを笑っているのかね。それはわたしが体を鍛えるのは、心地よく食べたり眠ったりするためにというよりも健康に努めようとしてのことだといってなのかね、それともわたしがこうした身体鍛錬をしたがっているのは、長距離走者が脚は肉付きよく肩はすらりとさせるようにしたり、また拳闘家が肩は肉付きよく脚はすらりとさせるようにしたりするようにというわけではなく、身体全体に負担をかけて全体を均整のとれたものにさせようとしているからといってなのかね。一八　それともまた、今さらわたしには運動の練習相手を探したりするには及ばないし、もう年寄りなのだから大勢の前で裸になる必要もないだろうから、ちょうど今ここで踊っていた少年が動いて汗をかくのにこの部屋で十分だったように、わたしには寝椅子七床(1)が入る部屋があれば事足りるというので、君たちは笑っているのかね。そうすれば冬には室内で鍛錬することができるだろうし、暑すぎるときには日陰で鍛錬することができるだろうしね。一九　それともわたしのお腹《なか》が度を越えて大きいので、それをちょうどよくしたがっているというので、君たちは笑っているのか。どうも君たちは知らないのかね、ここにいるカルミデスが先日早朝のこと、わたしが踊っているところに出くわしたのを」。

「ええ、見ましたとも、ゼウスに誓って」とカルミデスは言った、「そしてまずはびっくり仰天しましたし、それからあなたは気が狂われたのではないかと心配になりました。しかしあなたが今おっしゃっているのと同じようなことをあなたから聞きましたので、家に帰ってから、わたし自身も、踊ったりこそしませんでしたが――これまでまったく踊りを習ったことがありませんので――、しかし手を動かす運動はしてみました。それは心得ていましたから」。

二〇　「なるほど、ゼウスにかけて」とピリッポスは言った、「それであなたの脚と肩は同等の肉付きをしているように見えるのですね。たとえあなたの上半身と下半身を、あたかも一塊《ひとかたまり》のパンの下半分と上半分

(1)「寝椅子七床(ἑπτάκλινος)」は、日本語の「七畳間」と類似した表現で、ここでは運動用としては狭い場所として言われている。「寝椅子一床」は部屋の広さを表わす単位のように用いられているのか。『家政管理論』第八章一三参照。

のように、市場監督官[1]の前で切り分けて秤にかけたとしても、罰金を科されるようなことはないだろうとわたしには思われるくらいです」。

　するとカリアスが言った、「ソクラテスさん、今度また踊りを習おうというつもりになったら、わたしに声を掛けてください。あなたの踊り相手になって、いっしょに学ぶためにです」。

二二　「さあ、それでは」とピリッポスが言った、「わたしのためにも笛を吹いてもらおうか。わたしも踊りたいのでね」。彼は立ち上がり、少年と少女の踊り方を事細かに真似してみせた。二三　まずはじめに、一同が先ほど少年はいろいろな仕草で踊っているとよりいっそう美しく見えるといって称賛したので、彼は逆に身体の動く部分のことごとくを不自然に可笑しげに見えるようにした。また、先ほど少女は後ろに身体を反らせて輪の形を作ったので、あの男も同じことを、ただし前方に身体を丸めて輪の形を作ろうとした。そして最後には、先ほど一同が少年は身体全体を行使しながら踊っているといって称賛していたので、笛吹き女に命じてリズムを速めに上げさせ、脚も手も頭もすべてを一斉に動かすようにした。二三　やがて彼はすっかり疲れ果てると、寝椅子に身体を横たえながらこう言った、「皆さん、わたしの踊りもいい運動になっている証拠ですよ。現にわたしは喉がからからです。召使いはわたしの大平鉢[2]に酒を満たすことだ」。

「ゼウスにかけて」とカリアスが言った、「われわれにもそうしてもらおう。君を笑ったことで、われわれも喉が渇いたからね」。

二四　そしてさらにソクラテスが言った、「しかし、皆さん、飲むことはわたしも実に結構だと思う。実際、ワインは魂を潤して、ちょうどマンドラゴラ[3]が人びとを眠らせるように、苦痛を眠らせる一方で、ちょうど油が炎を目覚めさせるように、和気藹々《あいあい》たる気分を目覚めさせもする。二五　しかしながら、人の身体も、地中に育つ植物の身体と同じことを被《こうむ》るように、わたしには思われる。つまり、植物の身体も、神が一度にたくさん飲ませすぎるとまっすぐ立っていることもできず、そよ風に吹かれることもできないが、(4) しかしちょうど心地よい程度の量を飲めば、しっかりまっすぐに生長して元気よく果実を実らせるようになるのです。二六　それと同様に、われわれもまた飲み物を一時《いちどき》に流し込めば、たちまちわれわれの身体も判断力もよろよろしてしまうだろうし、息もできず、ましてやものを言うこともできなくなるだろう。しかし、われわれの召使いたちが《小ぶりの酒盃(5)で間断なく酒を注ぎ入れてくれるならば》――わたしながらにゴルギア

---

(1) 市場監督官（アゴラーノモイ）は市場で商品が適正な価格で誤魔化しなく売買されているかどうかを監督している役人抽籤で数名が任命されていた。アリストテレス『アテナイ人の国制』第五十一章によれば、その人数は一〇名で、さらにその下に度量衡監督官、穀物監督官などが多数選任されているが、これは前三世紀後半以降のことで、前五世紀にはパンの品質管理や秤量なども市場監督官の職掌だったのであろう。

(2) 平鉢（φιάλη ピアレー）も飲酒に用いられるが、後出（本章二六）の本来の酒盃（κύλιξ キューリクス）とは別で、把手が付いていない。

(3) マンドラゴラ（マンダラケとも）はナス科マンドラゴラ属の植物で、その肥大した根茎には強い毒性の薬効があり、幻覚や麻酔作用を引き起こす。

(4) 降雨によって水分を過剰に吸収すると植物は徒長してしまう。

(5) 当時の酒盃（κύλιξ キューリクス）は、浅い平鉢形で両端に把手が付いたもので、直径一〇センチメートルから五〇センチメートルくらいまで、大きさは大小さまざまだった。

ス流の言葉遣いで言えばこんな具合なのだが(1)──、そうすれば、われわれはワインによって酔いつぶされることなく、むしろそれに誘《いざな》われていっそう愉快な心地になることだろう」。二七　皆がそれに賛意を表し、ピリッポスはそれに付け加えて、ワインを注いで回る役目の者は戦車を操るすぐれた馭者《ぎょしゃ》を見習って、酒盃の間をもっと素早く駆け回らなければならないと言った。すると実際彼らはそのとおりにしてみせた。

第三章

一　それにつづいて、少年は竪琴を笛に合わせて調律し、それを演奏するとともに歌を歌った。それに対して一同は称賛を贈り、さらにカルミデスがこう言った、「しかし、皆さん、わたしは思うのですが、ちょうどソクラテスさんがワインについて言われたのと同じように(2)、花の盛りの少年少女たちの、そしてまた彼らの奏でた楽の音の和合ぶりは、われわれの苦痛を癒やし、性愛の情（アプロディテ）を目覚めさせてくれるようです」。

二　さらにそれにつづいてふたたびソクラテスが言った、「まことにこの者たちは、皆さん、われわれを十分に楽しませてくれたようだ。しかし、わたしには分かっていますが、われわれは彼らよりもはるかにすぐれていると思っているのだから、われわれが寄り集まりながら、お互いに何か益になることをし合ったり楽しませ合ったりしようともしないとすれば、みっともないことではないだろうか」。

それに対して、何人もの人たちが言った、「それでは、われわれがどんな話題を取り上げればそういうことが最もうまくやれるものか、あなたが決めてください」。

三「では、わたしとしては」と彼は言った、「カリアスがしてくれたあの約束を履行してもらえれば、それが一番ありがたいところです。たしか彼は、もしわれわれが会食に参加すれば、彼自身の知恵を披露してくれると言っていたからね(3)」。

「ええ、披露いたしましょうとも」と彼は言った、「もしもあなた方も全員が、それぞれに知っているこれぞ善きものというのを、この場に提示してくれるのであれば」。

「いや、誰も」とソクラテスは言った、「あなたに異を唱えて、各人がそれに知悉することが最も大事だと思っているところのものについて語ろうしないというようなことはありえないよ」。

四「では、わたしとしては」と彼は言った、「わたしが最も自慢に思っていることを、あなた方にお話ししましょう。つまり、わたしは人びとをより善き者たらしめる能力を持っていると思っているのです」。

するとアンティステネスが言った、「それはどちらなのかね。何か手仕事的な技術を教えることによってなのか、それとも《立派ですぐれたあり方》を授けることによってなのかね」。

---

(1)《小さな酒盃で……注ぎ入れてくれるならば》には詩語が含まれ、ほぼイアンボス調になっている。そうした気取った表現について、華麗な弁論や文体を駆使して当時アテナイで人気のあったソフィストのゴルギアス(一三三頁註(1)参照)の名を引き合いに出している。

(2)第二章二四。

(3)第一章六。

「もし正義が《立派ですぐれたあり方》であるならば――」。

「なるほど、ゼウスにかけて」とアンティステネスは言った、「それこそは最も反論しがたいものだ。勇敢さや知恵は時として友人にも祖国にも害をもたらすことがあると思われるが、正義はどこを取っても不正が混じり込んではいないからね」。
五　「さてそれでは、あなた方いずれもがそれぞれにこれぞ有益というものを言ってくれるのであれば、そのときにはわたしもまた今言ったことをなし遂げる技術のことを話すにやぶさかでありません。さあ、今度はニケラトス」とカリアスは言った、「君はどんなことを知悉しているというので、自慢に思っているのかね」。
すると彼は言った、「父[1]はわたしがすぐれた人間になるようにと意を用いているのですが、その父はわたしにホメロスの叙事詩のすべてを学ぶことをさせました。ですから今では『イリアス』および『オデュッセイア』の全体を暗唱することができます」。
六　「しかしこのことに」とアンティステネスは言った、「君は気づかなかったのかね、つまりその二つの叙事詩なら吟唱詩人たちは誰もが知悉しているのだが」。
「いや、どうして」と彼は言った、「気づかないことがありえたでしょうか、わたしはおよそ毎日のように彼らが演ずるのを聞いてきたのですから」。

「では君は」とアンティステネスは言った、「吟唱詩人たち以上に愚かな人種を何か知っているかね」。

「いいえ、ゼウスに誓って」とニケラトスは言った、「わたしにはまったく思い当たりません」。

「なるほど」とソクラテスが言った、「彼らはその詩の意味には通じていないことが明らかなのだからね。[2]しかし君はステシンブロトス[3]やアナクシマンドロス[4]その他大勢の人たちに沢山の金銭を貢いできたのだから、その肝要なところは何一つ見過ごしにしてはいないよね。七　で、君はどうかね（とソクラテスは言った）、クリトブウロスよ、君は何をもって最大の自慢にしているのかね」。

「美しい容姿をもってです」と彼は言った。

「では君も」とソクラテスは言った、「君の美しさをもってわれわれをより善き者たらしめるに足ると言うことができるのだろうか」。

「もしそうでなければ、明らかにわたしは無益な人間ということになるでしょう」。

八　「で、君はどうかね」とソクラテスは言った、「何をもって自慢にしているのかね、アンティステネスよ」。

「富をもってです」と彼は言った。

そこでヘルモゲネスが、彼は多くの金銭を有しているのかと尋ねたところ、アンティステネスは、誓って

（1）民主派の政治家・将軍のニキアス（前四七〇頃―四一三年）。

（2）吟唱詩人たちが詩の内容を理解していないことについては、プラトン『イオン』五三六C―D参照。

（3）ステシンブロトスはタソス出身で前五世紀後半に活動。吟唱詩人、ホメロス解釈家の一人で、著作もある。プラトン『イオン』五三〇Dに言及がある。

（4）アナクシマンドロスはここ以外に言及がなく不明の人物。むろんミレトス出身の同名の初期哲学者とは別人である。

一オボロス[1]だに有していない、と言った。

「しかし、それなら沢山の土地を所有しているのかね」。

「まあ、おそらく」とアンティステネスは言った、「ここにいるアウトリュコスが体に砂を振り撒く[2]のには十分足りるだろうよ」。

九 「さて君にも聞かなければなるまい。どうかね」とソクラテスは言った、「カルミデスよ、君は何をもって自慢にしているのかね」。

「わたしは逆に」と彼は言った、「貧乏を自慢にしています」。

「おやおや、ゼウスにかけて」とソクラテスは言った、「実に好ましいものをだねえ。それなら妬みを買うこともまるでないし、争いを招くこともまるでないし、また警戒しなくてもなくなることもないし、気遣いしないでおいてもいっそう強力になるのだからね」。

一〇 「ところで、あなたは」とカリアスが言った、「何をもって自慢にしているのですか、ソクラテスさん」。

するとソクラテスはすっかり真剣に顔を引き締めて「人の取り持ち[3]をもって、だ」と言った。そこで一同が彼を笑うと、「あなた方は笑っているが」と彼は言った、「しかし、もしもこの技術を行使する気になれば、途方もない金銭を手に入れられるだろうということが、わたしには分かっているのだよ」。

一一 「ところで君は当然ながら」とピリッポスに話しかけながらリュコンが言った、「道化を演ずることをもって自慢にしているわけだ」。

「それも役者のカリッピデス[4]よりも正当にだと思いますよ」とピリッポスは言った、「彼は座席にいる沢山の人たちを泣かせることができるというので得意満面なのですが」。

一二　「あなたもまた」とアンティステネスが言った、「リュコンさん、何をもって自慢するのかを言ってくれますよね」。

すると彼は言った、「皆さん誰もが知ってのことではないかね、（と彼は言った）わたしの自慢はここにいるわが息子だということを」。

「そして、その息子の自慢は」と誰かが言った、「明らかに競技の優勝者だということだね」。

するとアウトリュコスは赤面してこう言った、「ゼウスに誓って、そうではありません」。

一三　一同は、彼が声を発したのを聞いて喜び、彼に目を向けた。そして誰かが彼にこう訊ねた、「しかし、アウトリュコスよ、それなら君は何をもって自慢とするのかね」。

彼は「わたしの父です」と言い、それと同時に父親に寄りかかった。

すると、カリアスはそれを見て、「ご承知ですかね」と言った、「リュコンさん、あなたは世界一の金満家ですよ」。

---

(1) 少額の貨幣単位で、六オボロスが一ドラクメー。ドラクメーについては一五頁註（1）参照。

(2) 格闘技には全身にオリーブ油を塗布し、滑り止めとしてその上に砂を振りかける。それに必要な「土地」はきわめて微量で足りる。アウトリュコスに言及されているのは、むろん彼がパンクラティオンに長じていたからである。

(3) 「人の取り持ち（μαστροπεία）」には売春の仲介的なニュアンスが強く含まれている。

(4) カリッピデスは過剰な演技で知られた役者。アリストテレス『詩学』一四六一b—一四六二aに言及されている。

「いや、ゼウスに誓って」と彼は言った、「そんなことはありませんよ」。

「しかし、あなたは、ペルシア大王の財産といえど、うかつにもそれを息子さんと引き替えに受け取ろうとはしないのではないですか」。

「いや、なるほど」と彼は言った、「どうやらわたしが世界一の金満家であるという現場を取り押さえられたようだ」。

一四　「ところで、あなたは」とニケラトスが言った、「ヘルモゲネスさん、とりわけ何をもって自慢としますかね」。

すると彼は「友人たちの優秀さと有能さ、そして」と言った、「そうした友人たちがこのわたしのことを気づかってくれるということをもって」。彼がそう答えると、一同が彼のほうを見やり、多くの人たちが一斉に、その友人たちというのを自分たちにも明かしてくれるか、と訊ねた。吝《やぶさ》かでありませんとも、と彼は答えた。

第四章

一　次いでソクラテスがこう言った、「では、われわれに残るところは、めいめいの明言したものが大いに値打ちのあることを証明してみせることだね」。

「まずわたしからお聞かせましょう」とカリアスが言った、「このわたしは、皆さん方が正しさとは何であるかについて行き詰まりに陥っている[1]のを聞いているそのあいだにも、人びとをより正しい者たらしめているのですよ」。

するとソクラテスが「どのようにしてかね、いとも素晴らしき人よ」と言った。

「ゼウスにかけて、金銭を施すことによってです」。

二　するとアンティステネスが起き上がって、きびしい詰問口調で彼に訊ねた、「カリアスよ、君の思うところでは、人びとは正しさというものを魂の内に所有しているのかね、それとも財布の内にかね」。

「魂の内に、です」と彼は言った。

「すると、君は財布に金銭を施してやることによって、魂をより正しいものにしてやるというのかね」。

「まさにそのとおりです」。

「いかにして」。

「必要なものを買うだけの元手を所持していると分かっていれば、あえて悪事を働く危険を犯そうとはしないものですから」。

三　「それで君に」とアンティステネスは言った、「彼らが手にした金銭を返済してくれるのかね」。

「いえ、ゼウスに誓って」と彼は言った、「けっして返しはしないでしょう」。

（1）プラトンの初期対話篇に見られるような、倫理的な徳目を正確に規定しようとして「行き詰まり（アポリアー）」に陥るソクラテスの問答法への言及。

「どうなのかね、金銭の代わりに感謝のお返しをするのかね」。

「いやいや、ゼウスに誓って」と彼は言った、「そういうこともしません。むしろある者たちは金銭を手にする以前よりも敵意を抱きさえします」。

「驚いたことだ」とアンティステネスは言って、彼を詰問するようにずっと見つめながら、「他人に対しては彼らを正しい者たらしめながら、君自身に対してはそうさせることができないとあればね」。

四 「どうしてそれが」とカリアスは言った、「驚くべきことなのですか。木工職人や大工でも多くの者たちが、他人には多くの者たちのために家を建ててやるのに、自分のためには建てることができず、借家に住んでいるのを見ていませんかね。さあ、引き下がりなさいよ、知恵に長じたお方、論駁されているのはあなたのほうですから」。

五 「なるほど、ゼウスにかけて」とソクラテスが言った、「たしかに彼が引き下がるべきだ。どうやら予言者たちもまた他人に対しては未来を予言するのに、自らに対しては来たらんとすることを予見することはないそうだからね」。六 これでこの話は終わりになった。

次いで、ニケラトスが言った、「さあ、わたしからも聞いてもらえますか、もしあなた方がわたしとつき合えばどういうことでよりすぐれた者となるかを。きっと皆さんご存知のように、最も知恵にすぐれた詩人のホメロスは、およそ人間界のすべての事柄について詩に歌いました。ですから、あなた方のうちに家政管理者になりたいとか政治弁論家になりたいとか軍事統率者［将軍］になりたいとか、あるいはアキレウスやアイアスやネストルやオデュッセウスのようになりたいと思っている人がいれば、そういう人はわたしにへりくだるべきですよ。このわたしは、そうしたことすべてに精通しているのですから」。「では王として君臨する術《すべ》にも」とアンティステネスが言った、「君は精通しているわけかね。ホメロスがアガメムノンのことを《すぐれた王であるとともに槍の名手でも》あると称賛しているのを知っているからには」(1)。

「ええ、そうですとも、ゼウスに誓って」と彼は言った、「わたしはまた、戦車［戦闘馬車］を操る者は折り返し点の標柱ぎりぎりのところを回り込まねばならないということも(2)、そして

駁者自身は、見事に磨き上げられた車上にあって
二頭の馬の左側にわずかに身体を傾け、他方で右側の馬には
声高に叱咤しつつ鞭を当て、手綱をゆるめる(3)

ようにしなければならないことも知っていますし、さらにその他にも知っていることがあって、それをあなた方はまさに今すぐに試してみることもできます。つまり、ホメロスはどこかで《酒にタマネギも添えて》(4)と言っていました。ですから、誰かタマネギを持ってくれば、あなた方はまさに今すぐにその益に与る

（1）ホメロス『イリアス』第三歌一七九行参照。
（2）戦車（戦闘馬車）競走は競走路の両端に立てられた標柱間を折り返し周回して行なわれた。いかにスピードを落とさずに標柱をロスなく周回できるかが勝敗のカギとなる。
（3）標柱を左回りで折り返す場合が言われている。ホメロス『イリアス』第二十三歌三三五―三三七行。
（4）ホメロス『イリアス』第十一歌六三〇行参照。

ことになるでしょう。いっそう美味しく酒が飲めるでしょうから」。

八　するとカルミデスが言った、「皆さん、ニケラトスはタマネギの臭いをさせながら家へ帰りたがっていますが、それは誰一人として彼に口づけする気にもならないと、奥さんが信ずるようにというためなのですよ」。

「ゼウスにかけて、それに違いない」とソクラテスが言った、「しかし、それとは別のおかしな評判がわれわれに立つこともありそうだ。なるほどタマネギは食事のみならず飲酒をも風味豊かにしてくれるのだから、まことにご馳走と言ってよさそうだからね。だから、それを食事の後にまでも齧っているならば、われわれは楽しい目をしにカリアスのところへやってきたのだと人に噂されないように気をつけないとね[1]」。

九「けっしてそんな懼れはありませんよ、ソクラテスさん」とニケラトスは言った、「戦場に向かうときには、タマネギを食しておくのがいいのですから。ちょうど闘鶏を戦わせる前にニンニクを餌として与える者たちがいるのと同じことです。もっとも、おそらくわれわれは戦いをしようとするよりも、むしろだれかに口づけしようと慮《おもんぱか》っているのでしょうがね」。一〇　そしてこの話題は、ほぼこんな風にして閉じられた。

するとクリトブウロスが「では今度はわたしが」と言った、「どうして美しい容姿をもって自慢にするかを申しましょう」。

「言いたまえ」とその場の人たちが言った。

「では申しますが、もしもわたしが、自分でも美しいと思っているのに、実は美しくないとすれば、あなた方は欺瞞《さぎ》の罪で罰せられてしかるべきでしょう。誰も宣誓を求めてもいないのに、あなた方はいつも誓いを立ててわたしのことを美しいと言っているからです。そしてわたしとしては、それを信じています。あなた方は《立派ですぐれた人たち》だと思っているからです。一一 もしわたしがほんとうに美しくて、あなた方がわたしに対して、ちょうどわたしにとって美しいと思われる人に対してわたしが抱くのと同じような気持ちを抱いてくれるのであれば、わたしはすべての神々に誓いを立てますが、美しくあることと引き替えにペルシア大王の地位を望みもいたしません。一二 というのも、今わたしはクレイニアス[2]を眺めやることが、人間界にある他のすべての美しいものを眺めること以上に好ましいのです。クレイニアスただ一人を見えなくさせられるよりも、むしろ他のありとあらゆるものを見えなくさせられることのほうをよしとするでしょう。夜と眠りをわたしは嫌悪する。彼を見られないからです。他方、昼間と太陽にはこの上ない感謝の念を覚えます。それらはわたしにクレイニアスの姿を顕わにしてくれるからです。一三 また、われわれ美しい容姿を持つ者はこのことも自慢とするに値します、――すなわち、力強さに秀でている者はそれを行使して善きものを獲得しなければならず、勇気ある者は危険を冒して、また知に秀でた者は弁舌を振るって善きものを獲得しなければならないのですが、美しい者はじっと静かにしていても、それですべてが達成され

---

(1) 帰途などにタマネギの臭いをまき散らすことで、ご馳走に与っていたことが世間に知られるから。

(2) クレイニアスはアテナイで評判の美少年。異端の政治家アルキビアデス（前四五〇頃―四〇四年）の従兄弟に当たる人物が想定されるが、クリトブウロスが心寄せる少年としては、年齢的に疑問もある。『ソクラテス言行録』第一巻第三章八にはクリトブウロスと「アルキビアデスの息子」とのことが語られているが、それも年齢的にありえない。プラトン『エウテュデモス』二七三A以下に登場する同名の少年も同一人物であろう。

るのです。一四　むろんわたしは金銭が嬉しい所有物であることを承知していますが、しかしわたしの有しているものをクレイニアスに進呈するほうが、他の人から他にもっと多く受け取る以上に嬉しいでしょうし、もしクレイニアスがわたしの主人になってくれるというのであれば、自由人であるよりもさらに喜んで奴隷の身となることでしょう。すなわち、彼のためとあれば休息するよりも易々と労苦に勤しむことでしょうし、また彼のためならば無事に生きながらえるよりもむしろ喜んで危険を冒すことでしょう。一五　ですから、カリアスさん、もしあなたが人びとをより正しい者になしうることをもって自慢としているとすれば、わたしは徳全体に向けて人びとを導くことで、あなたよりもいっそう正しい者なのです。すなわち、われわれ美しい容姿の者は恋い慕う者たちに何かしらの息吹を吹き込み、彼らを金銭に対してより自由なこだわりのない態度を取らせ、危険に直面すればよりいっそう喜んで辛苦に立ち向かい、よりいっそう栄誉を求めるようにさせ、さらにはよりいっそう慎み深く、よりいっそう自制心に富んだ者たらしめるのです。彼らは最も強く求めてやまぬものにこそ、廉恥の心を抱いているからです。一六　美しい容姿の者を軍事統率委員［将軍］に選ぼうとしないのは狂気の沙汰です。少なくともこのわたしは、クレイニアスとともにあれば、たとえ火の中でも突き進んでいくでしょう。あなた方もわたしとともにであればそうすることも分かっています。ですから、ソクラテスさん、わたしの美しさが人びとにいささかなりと裨益するか否かの判断に迷うことは、もうしないでください。一七　しかしまた、美はたちまち盛りを過ぎてしまうからといって、それをもって美を蔑《ないがし》ろにしてはいけません。美しい少年がいるように、青年にも大人にも、そして老人にも美しい人がいます。その証拠には、アテナ女神にオリーブの若枝を運ぶ役目に就けるのに、美しい老人たちを選任する(1)

ではないですか。それはどんな年齢にも美は付き従うものだとしてのことなのです。一八　また、人が求めてやまぬことを率先してやってもらえることが心地よいとするならば、よく分かっていることですが、まさに今もわたしは黙ったままでいても、ソクラテスさん、たとえあなたが多くの賢明な言葉を尽くしてみたところで、より素早くこの少年や少女(2)がわたしに口づけするよう説き伏せられるでしょう」。

一九　「それはどういうことかね」とソクラテスは言った、「わたしより美しいからというので、君はそれを得意がっているのかね(3)」。

「ええそうです、ゼウスにかけて」とクリトブウロスは言った、「さもなければわたしはサテュロス劇に登場するすべてのシレノスたち(4)よりも醜い存在ということになるでしょう」。

---

(1) パンアテナイア祭において市中からパルテノン神殿までアテナ女神への献納物を持った市民たちの大行列が行なわれ、その中にオリーブの若枝を運ぶ老人たちも含まれていた。パルテノン・フリーズの浮彫彫刻にも認められる。

(2) 先ほど曲芸を披露した少年と少女。

(3) 疑問文に読む。

(4) シレノスとサテュロスは父子ないし同族の半獣半人・山野の精で、前五世紀頃からの伝承ではディオニュソスの従者とされる。比較的若いサテュロスに対してシレノスは醜い容貌の老人で、とくに獅子鼻と飛び出したような目の特徴からソクラテスにそっくりだとされる（プラトン『テアイテトス』一四三E、『饗宴』二一五A―B参照）。サテュロス劇は悲劇とセットで上演されるもので、サテュロスやシレノスが登場する滑稽劇。伝存する唯一の作品にエウリピデス『キュクロプス』があり、サテュロスやシレノスについての情報はほぼすべてこれにもとづく。ただし細部については多様の言い伝えがある。

「ソクラテスはまさにシレノスたちにそっくりだった[1]。」

二〇　「さて、それでは」とソクラテスは言った、「美についての判定は、目下の談論が一廻りしたところでなされるものと覚えておいてもらいたい。そしてわれわれを判定するのはプリアモスの息子のアレクサンドロス[2]ではなく、君に口づけしたがっていると君が思っている当の二人だとしよう」。

二一　「クレイニアスには」と彼は言った、「ソクラテスさん、任せないのですか」。

するとソクラテスは言った、「君はクレイニアスから思いをそらせたらどうかね」。

「彼の名前を口にしないようにすれば、わたしが彼を思いやる気持ちが少しでも薄らぐとお思いですか。お分かりになりませんか、わたしの魂には彼の面影がはっきりと浮かんでいて、もしわたしが彫像家や画家だったとしたら、直接当人を見ながら制作するのとまったく同じように、その面影から彼とそっくりの似姿を仕上げられることでしょう」。

二二　するとソクラテスはそれに言い返して、「君がそんなにもそっくりな面影を抱いていながら、一体どうしてわざわざわたしに面倒をかけて直《じか》に彼を目撃できそうなところへ連れて行こうとするのかね」。

「それというのは、ソクラテスさん、彼本人を目にすることは喜びをもたらしてくれますが、面影を目にしても愉悦を与えてはくれず、ただ恋い焦がれる気持ちをかき立てるだけだからです」。

二三　するとヘルモゲネスが言った、「わたしに言わせれば、ソクラテスさん、クリトブウロスがこんなにも恋に没頭しているというのに、それに手を拱《こまぬ》いているのは、あなたらしくもないですよ」。

「つまり君は」とソクラテスは言った、「彼がこんな風になったのは、わたしと親しくつき合うようになってからのことだと思っているのだね」。

「しかし、ではいつからなのですか」。

「君には見えないかね、この男には少し前から薄髭が耳のあたりにまで生えてきているし、クレイニアスにもすでに顔面の奥のほうにまで生え進んでいるのが。(3) クリトブウロスは彼と同じ学校へ通っていて、そのときにすっかり熱を上げたのさ。二四　そこでそのことに気がついた父親(4)が、少しでも力になってくれないものかと、わたしに彼を委ねたのだ。で、ともかく今ではずっとマシになっている。以前にはまるでゴルゴンたち(5)を目にしているかのように、石のように固まって彼を見つめて、一時たりとも彼から離れようとしなかったのだが、今ではもう目ばたきくらいはするのをわたしは見たのだから。二五　しかしながら、神々にかけて、たしかに、皆さん、(と彼は言った)われわれのあいだだけでの話だが、この男はもうクレイニアスと口づけをし終えていると、わたしには思われる。それ以上に激しく恋情を燃え立たせるものは何もない。

(1) この一文は後代の挿入として削除。
(2) トロイヤの王子パリスのこと。彼はいまだ少年の頃トロイヤの山中でヘラとアテナとアプロディテの美しさ較べの審判をさせられ、アプロディテを勝ちとしたことが、後にトロイヤ戦争の発端となる。ソクラテスはアイロニーを込めつつクレイニアスをパリスになぞらえている。
(3) 髭が濃くなることは、少年から大人になった証しと見なされた。
(4) クリトン。
(5) ゴルゴン(たち)は海神のポルキュスとケトの間に生まれた妖怪三姉妹。頭髪がすべて蛇で醜怪な面貌により、その姿を見た者を石と化した。ペルセウスが退治した末妹メデュサがとくによく知られている。

それは飽くことを知らぬもので、何か甘い希望をもたらすものだからね。［また、おそらくは、われわれのすべての行ないのうちで、口と口[1]との触れ合いのみが、魂と魂との愛（φιλεῖσθαι）と名前を同じくしているがゆえにも、よりいっそう貴重視されているのだろう[2]。］二六　さればこそ、このわたしに言わせれば、節度ある態度を保てるようにとするのであれば、若盛りの者との口づけは差し控えなければなりません」。

二七　するとカルミデスが言った、「しかし、一体どうして、ソクラテスさん、親しい仲間のわれわれに脅しをかけて美しい者たちから遠ざけようとしながら、あなた自身は（と彼は言った）、そうですとも、アポロンに誓って、しかとわたしは見たのですよ、読み書きの先生のところであなた方二人が同じ書物を見て何か調べものをしていたときに、あなたの頭を彼の頭に寄せ合い、あなたの裸の肩をクリトブウロスの裸の肩に寄せ合っているところをね」。

二八　するとソクラテスは「いやはや」と言った、「なるほどそのためにわたしは、まるで何かの獣にでも咬まれたかのように、五日間以上も肩がズキズキしていたし、まるで心臓に傷を負ったかのような思いをしたわけだ。しかし、いいかね（と彼は言った）、クリトブウロスよ、今これほどにも多数の証人を前にして明言しておくが、君の顎髭《あごひげ》が頭髪と同じような長さになるまではわたしに触れないようにしてくれたまえ」。彼らはこんな風に冗談と真面目をごちゃ混ぜにしてしまった。

二九　そこでカリアスが「君が話す番だよ」と言った、「カルミデスよ、どうして貧乏をもって自慢にするのかを」。

「どうでしょう、このことでは意見が一致していますね」と彼は言った、「つまり勇猛であるほうが怖がっているよりもいいし、自由人であるほうは奴隷であるよりもいいし、人に追従されるほうが自分が追従するよりもいいし、祖国から信頼されるほうが信頼されないよりもいい、ということです。三〇　ところが、わたしはこの国にあって自分が裕福であったときには、(3) まず第一に何者かがわたしの家に侵入して、(4) 財産を奪い、わたし自身にも何か危害を加えるのではないかとびくびくしていました。それから、告発常習者たちに(5)も追従の態度をとっていました。彼らを酷い目に遭わせるよりも自分が酷い目に遭う公算のほうが大きいこ

---

(1) *σώμασι* に代えて *στόμασι* を読む。

(2) この一文は Dindorff に従い後代の挿入と見なして削除。*φιλεῖσθαι* は「愛する」とともに「口づけする」の意にも用いられる。

(3) プラトンの母方の家系に属するカルミデスの家も元は裕福だったが、何らかの理由で窮乏化したのであろう。前四一五年に起こったヘルメス像破壊事件に連座したことにより財産を没収されたのではないかとも考えられているが、目下の酒宴が開かれたのは前四二二年のことと想定されるので、年代的な齟齬がある。彼の窮乏化の原因はさらに遡って、前四三一年に始まるペロポネソス戦争初期のスパルタ軍侵攻により耕地を占拠荒廃させられたことによるのかもしれない（次節参照）。

(4) 盗人は家屋の壁に穴を開けたり壁の下に穴を掘ったりして侵入する。

(5) 当時のアテナイでは訴訟はすべて一般市民が原告となって起訴することになっており、中にはそれを常習的に行ない、依頼者から報酬を得たり、さらには政治目的や金銭目的から告発を特定人物に対する脅しの手段とする者もいて、彼らは *συκοφάντης*（字義どおりには「イチジク（泥棒）摘発者」）と呼ばれた。『ソクラテス言行録』第一巻第九章参照。

とはよく分かっていたからです。また国家からはいつも何かわたしに出費するよう命じられてもいましたし、[1]国外へ出掛けることも許されませんでした。[2]三一　しかし今では国外に所有している家産は奪い取られ、国内の所有地も収穫を上げることができず、家財も売り払われてしまってみると、伸び伸びと心地よく眠り、国家からの信頼も得られ、もはや脅しを受けることもなく、今ではむしろ他人を脅していますし、わたしは自由人として国を出ることも戻ってくることもお構いなしです。富裕者たちは今ではわたしに席を立ってくれますし、道を空けてもくれます。三二　今やわたしは僭主も同然ですが、当時は明らかに奴隷の身でした。また、当時はわたしが人びとに貢税を支払っていましたが、今では国家が税金を費やしてわたしを養ってくれます。[3]のみならず、ソクラテスさんのことでは、わたしが裕福だったときには、彼と一緒にいると咎め立てされたものでしたが、今や貧乏の身の上となってしまうと、もはや誰一人としてまったくそれを気にも留めないのです。さらにまた、わたしがたくさんのものを所有していたときには、あるいは国家によって、あるいは運次第で、たえずあれこれと失いつづけていたのですが、今では何一つ失うこともなく（そもそも何も持っていないのですから）、むしろ何かを得るだろうという予期はいつもしています」。

三三　「それでは」とカリアスが言った、「君はけっして裕福になりませんようにと祈り、もしも何か吉兆の夢を見たならば、厄除けの神々に犠牲を捧げるのかね」。

「いえ、ゼウスに誓って」と彼は言った、「わたしはけっしてそんなことはいたしませんが、しかしもしもどこかから何かを得られそうだと予期されたならば、精一杯思い切りよくそれを我慢しますね」。

三四　「さあ、それでは」とソクラテスが言った、「どうか今度は君が、アンティステネスよ、どうしてそんなにわずかな富しか有していないのに、富をもって大いに自慢とするのかね」。

「それは、皆さん、人びとが富を有したり貧困を抱えたりいるのは家においてではなく、魂においてだとわたしは思っているからですよ。三五　わたしの見るところ、多くの者たちは私人としてきわめて多くの金銭を有していながらなお貧しいと思っているために、より多くの金銭を獲得できそうだとなれば、どんな労苦でも、またどんな危険でも冒す。ある兄弟のことも知っていますが、彼ら二人は同等に遺産の分配に与りながら、一方は十分な資産を有し、出費を上回る余剰を得ているのに、他方は万事に欠乏している。三六　そしてまた何人かの独裁僭主のことも気がついているが、彼らは金銭にすっかり飢えていて、そのために最も困窮している者たちよりもはるかに恐るべきことをやっている。というのも、そういう僭主たちはどうやら窮乏のせいで、盗みを働いたり強盗に押し入ったり、あるいは人を誘拐したりしているからだ。またある僭主たちは多くの人たちの家産のすべてを破滅させ、一族全員を殺戮し、さらには、しばしば金銭を目当てに国家全体をすっかり隷属化してもいる。三七　こういう者らをわたしは、そのあまりにも重い病のゆえに、深く憐れんでいる。彼らは、多くのものを有し多くのものを食らいながら、いつになっても飢えを満たされ

(1) アテナイの富有階層には貢税の他に「公共奉仕(λειτουργία レイトゥウルギアー)」として祭祀などの国家行事や軍事に要する費用を負担することをしばしば国から求められた。主なものには、劇上演のための合唱舞踏隊編成の経費負担(χορηγία コレーギアー)、軍船装備のための三段櫂船の艤装経費負担(τριηραρχία トリエーラルキアー)などがある。『家政管理論』第二章六参照。

(2) 国外旅行ができない理由は不明。

(3) 民会への出席やさまざまな役職に対する手当によって。

ることのないような者と同様のありさまだとわたしには思われるからね。わたしの持ち物の多さたるや、自分でもそれがどれほどか目にすることができないくらいだが[1]、しかしそれでも、飢えていない状態に達するまで食べ、渇かない状態に達するまで飲んでも、また外にいるときにここにいる大富豪のカリアス以上に凍えることなどけっしてないほどに衣服を着込んでも、わたしには有り余るほどだ。三八　そしてまた、家にいるときであれば、壁がとても暖かな衣服となり、屋根がとても分厚い外套となってくれるようにわたしには思われるし、寝床もまことに満足のいくもので、起こしてもらうのもなかなか大仕事なくらいである。また、ときにわたしの身体がアプロディテの営みを求めることがあっても、わたしにはその場の間に合わせで事足りるので、わたしが近寄っていく女たちは、他に誰も近寄っていこうとしない者たちであるというわけで、わたしを特別に大歓待してくれるのだよ。三九　そして、このことはすべて何でもが快いとわたしには思われるので、それらの営みを行なう際にはよりいっそう快感であれとは願わずに、むしろよりおだやかにそうあるようにと願うことだろう。それらはときとして有益の域を超えて快感過剰であるようにわたしには思われるからだよ。四〇　わたしの有する富のうちで最も高価な所有物だと見積もっているのはこれ、すなわちもし何者かが今わたしの所持しているものを奪い去ることがあろうとも、わたしが目にするどんなにつまらない働き口でもわたしに十分な糧をもたらしてくれるということである。四一　というのも、わたしが快感を味わいたいと思った場合でも、市場から貴重なものを買うことはしないで（何しろ高価につくのでね）、自分の魂の中から備蓄してあるものを取り出すのだが、快楽ということではきわめて大きな差があるのですよ、――欠乏を覚えるのを待ってから口にするほうが、何か貴重なものを味わっても、つまりちょうど今がそうであるように、このタソス産のワイン(2)にありついても、渇きを感じないままにそれを飲むよりも、ずっと快いのだ。四二　しかしまた、大きな財産を蓄えようと考えている人たちよりも質素を旨とする人たちのほうがはるかに正義に適ってもいるようだ。現に有しているもので十二分に満足していれば、他人のものを欲しがることはまずありえないからである。四三　またこのようなかたちの富は人びとを自由人たらしめることも留意するに値する。たとえばここにいるソクラテス――わたしはこのような富を彼から得たのですが――、彼はわたしに数量や目方で分け与えるようなことはせず、わたしが担いうるだけのものを与えてくれた。今はわたしもまた誰にも出し惜しみせずに、むしろ親しい人たち誰にでも物惜しみしない態度をとり、欲しがっているひとにはわたしの魂の中に蓄えた富を分け与えている。四四　そしてまた、最も素晴らしい所有物と言えば閑暇（スコレー）だが、あなた方も見てのとおり、わたしにはそれがいつでもあるので、見るに値するものを見、聞くに値するものを聞き、そしてこれこそわたしが最も貴重なことだと評価しているのだが、閑暇を享受しながらソクラテスと一緒に日々を送ることができるという次第。彼もまた膨大な量の黄金を勘定しているような者たちには心を動かさず、彼のお気に入りの人たちと一緒になってずっと時を過ごすのである」。アンティステネスはこのように語った。

四五　そこでカリアスが「ヘラにかけて」と言った、「わたしがあなたの富を羨ましく思うのは、他のこと

（1）実はそれほどにも少ないということ。

（2）エーゲ海北部のタソス島に産するワインはとくに香気にすぐれ、上質とされていた（アリストパネス『女の平和』一九六および『福の神』一〇二一参照）。

はおいても、国家が君に命令を下して奴隷のようにあしらうこともなければ、君が金銭を貸し与えなくても、人びとが腹を立てることもないことですよ」。

「しかし、ゼウスに誓って」とニケラトスが言った、「彼を羨むことはありませんよ。わたしは《何ものも必要とせず》ということを彼から借り入れるでしょうから。(1) わたしはホメロスからこんな具合にものを数えることを教えられてきました。すなわち、

まだ火にかけられたことのない三脚釜七つ、黄金一〇タラントン、(2)
明るく輝く釜二〇個、そして馬一二頭(3)

というように、目方と数量で数えることをね。それでわたしはできるかぎり多くの富を欲してやまないのです。おそらくそれだからある人たちはわたしのことを金銭欲の強い男と思っているのでしょう」。

ここで全員が爆笑したのは、彼が事実ありのままを言ったと思ってのことだった。

四六　そのあと誰かがこう言った、「君のするべきは、ヘルモゲネス、君にどんな友人たちがいるかを言い、彼らがどれほど大きな有力者で、君の面倒を見てくれるのかを明らかに示すことだ。君がその友人たちを大いに自慢にしているのも当然至極だと思われるようにね」。

四七　「どうでしょう、ギリシア人にせよ異国人にせよ、神々は現にある物事もこれから先にあるはずの物事もすべてを知りたまうと考えていることは明々白々ですね。ともかくもすべての国々、すべての民族が、卜占術によって、何をなすべきか何をなさざるべきか神々にお伺いを立てるのはたしかです。そしてまた、

われわれは神々が善をなしたり悪をなしたりする力を備えているものと信じていることも明瞭です。ともかくすべての人たちが悪しきものを余所《よそ》に逸らし善きものを与えてくれるようにと神々に請願しているのです。

四八　されば、かくも全知全能の存在たる神々がわたしの友であればこそ、神々はわたしに注意を払ってくれていて、わたしが何に向かって進もうとしても、また何をしようというつもりになっても、夜も昼もわたしから目を離すことはけっしてありません。そして一つ一つの物事からどういうことが起こってくるかをも予見できるので、お告げや夢や鳥を使者として送って、なすべきこと、なさざるべきことをわたしに告げ知らせてくれます。その神々の言うことに聞き従っている場合には、けっしてわたしは悔やんだことがありません。しかしこれまでにも信じなかったことがありますが、そのときには罰せられました」。

四九　そこでソクラテスが言った、「君の言ったことに信じられないところは何もない。ただし、わたしが聞かせてもらえるとありがたいのは、どのように神々を奉じればそんな風に親しくしてもらえるのか、ということだ」。

「それはもう、ゼウスに誓って」とヘルモゲネスは言った、「まったく安直なやり方ですよ。つまり何らの出費もせずに神々を称賛し、ただ彼らが与えてくれるものの一部をそのつどお供えし、できるかぎり不敬な

（1）*δανεισάμενος* を *δανεισόμενος* に変える。

（2）「タラントン」は重量および貨幣の単位。最も一般的なアイギナ制で一タラントンは六〇ムナー（約三七キログラム）。

むろん「黄金一〇タラントン」は莫大な金額である。

（3）ホメロス『イリアス』第九歌一二二―一二三行、あるいは二六四―二六五行。

言葉を口にせず、また彼らを証人として立てた事柄については、けっして故意に嘘偽りを言うことはしないようにするのです」。

「ゼウスにかけて」とソクラテスは言った、「そういう風にすることで神々に親しくしてもらうことができるとすれば、どうやら神々もまた《立派ですぐれたあり方》を悦ぶのだね」。五〇　かくして、この話題はこんな風に真面目な話に転じられた。

そしてピリッポスの番になると、一同は、彼が笑いをとることのどこを眼目にして、それを自慢にしているのかを訊ねた。

「つまり、そんなものは自慢とするに足らずというわけですか」と彼は言った、「わたしが道化者だということを誰もが知っていればこそ、何かいいことがある場合にはその席に是非にも来るようわたしを呼び寄せるのに、何か災悪を被った場合には、不本意にも笑うことになりはしないかと恐れて、ふり向きもせずに逃げて行ってしまうのですからね」。

五一　するとニケラトスが言った、「いや、ゼウスにかけて、それなら君はそれを自慢にして当然ですよ。わたしの場合には逆で、友人のうちで羽振りのいい者たちはわたしを避けて遠ざかるのに、何か災悪を被った場合には縁戚関係を辿って繋がりを付けけっしてわたしを見逃さないようにするのだからね」。

五二　「それでいいでしょう」とカルミデスが言った、「ところであなたは、シュラクウサイのお方よ、何をもって自慢としますか。いや、明らかにあの少年をもってですかね」。

「いいえ、ゼウスに誓って」と彼は言った、「それは違います。それどころか、彼のことでは強い懼れを抱いているのです。というのも、何人もの者たちが彼を破滅に追いやろうと企んでいるのを察知しているからです」。

五三　するとそれを聞いてソクラテスが「ヘラクレス！[1]」と言った、「その者たちは君の少年からどれほどの不当な仕打ちを受けたと考えて、彼を殺してやりたいとまで思っているのかね」。

「いえ、彼らは」と彼は言った、「殺したいと思っているのではなく、彼に承知させて彼らと寝床を共にしたいと思っているのですよ」。

「で、君としては、どうやら、もしそういうことになろうものなら、少年は破滅させられるだろうと考えているのかね」。

「はい、ゼウスに誓って」と彼は言った、「まったくそのとおりです」。

五四「それでは君自身も」とソクラテスは言った、「彼と寝床を共にしてはいないのだね」。

「いえ、ゼウスにかけて」と彼は言った、「夜通しずっと、しかも毎晩そうしています」。

「いやはや、ヘラにかけて」とソクラテスは言った、「君の肌だけが寝床を共にする者たちを破滅させないように生まれついているとは、君はとんだ幸運の持ち主だね。それなら、他のことは差し置いても、君の肌をもって自慢とするに足るわけだ」。

五五「いえ、ゼウスに誓って」と彼は言った、「わたしはそれをもって自慢とはしません」。

（1）驚愕に駆られて発した感嘆詞。

「では、何をもってかね」。

「ゼウスにかけて、愚か者たちをもってです。そんな連中がわたしの操り人形を見物して、わたしを養ってくれるのですからね」。

「それだから」とピリッポスが言った、「先日もわたしは、君が神々にこう祈っているのを聞いたのだ――どこに君がいようとも収穫の豊かさと分別の不毛をお恵みください、とね」。
五六　「まあよかろう」とカリアスが言った、「ところで、ソクラテスさん、あなたはどうしてあの技術をもって自慢とするに足ると言えるのですかね、あなたの言っていた技術[1]はいかにも人聞きの悪いものでしたが」。
するとソクラテスはこう言った、「まずは取り持ちをする人の果たす役割とはどんなことなのかについて意見を合わせておこう。わたしがどんなことを訊ねても、ためらうことなく答えてくださいよ。どれだけわれわれの意見が一致できるかを知るためです。君たちもこれでいいですか」(と彼は言った)。

「ええ、確かに」と一同が言った。そしていったん「ええ、確かに」と言ってからは、その後もずっと全員がその返事で答えた。
五七　「では」とソクラテスは言った、「女性を取り持つにせよ男性を取り持つにせよ、その者が一緒になる相手に気に入られるように差配することが、すぐれた取り持ち人の果たす役割だとあなた方は思うかね」。
「ええ、確かに」と一同が言った。

「では、気に入られるためのしかるべき一つのことは、髪も衣服も適切な様子をしていることではあるまいか」。

「ええ、確かに」と一同は言った。

五八「では、こういうこともわれわれは知っているね、つまり人間は同じ二つの目によってなのに、相手の人たちを友好的に見つめることもできれば、敵対的に見つめることもできるということだが」。

「ええ、確かに」。

「ではどうだろう、同じ発声器官によってなのに、慎み深い話し方をすることもできれば、威嚇的な話し方をすることもできるだろうか」。

「ええ、確かに」。

「ではどうだろう、物言いがされた場合、反感を買うこともあれば、友好関係をもたらすこともあるだろうか」。

「ええ、確かに」。

五九「そこで、すぐれた取り持ち人は、そうした物言いのうちで人に気に入られるのに有利なほうを教え込むのではなかろうか」。

「ええ、確かに」。

「ところで」とソクラテスは言った、「一人の人に対して気に入られるようにすることができる者のほうが

(1) 第三章一〇。

多数の人に対しても気に入られるようにすることができる者よりもすぐれた取り持ち人なのだろうか」。

するとしかし、ここで一同の答えが割れて、ある人たちは「明らかに大多数の人に対して気に入られるようにする者です」と言ったが、ある人たちは「ええ、確かに」と言った。

六〇　ソクラテスは、この点も同意されていると言ってから、(1)こう言った、「もし誰かある人が人びとを国全体に対しても気に入られるように取り計らうことができるとすれば、その人はもう完璧にすぐれた取り持ち人ということになるのではないだろうか」。

「ゼウスにかけて、明白にそのとおりです」と全員が言った。

「では、もし誰かある人がその指導している人たちを今言ったような者に仕立て上げることができるとするならば、彼は自分の持てる技術を自慢しても当然だろうし、また高額の報酬を得るとしても当然のことだろうね」。
六一　このことについても全員が同意すると、「ところで」とソクラテスは言った、「ここにいるアンティステネスがまさにそういう人だとわたしには思われる」。
するとアンティステネスは、「このわたしに」と言った、「その技術を譲り渡そうというのですか、ソクラテスさん」。

「そうだよ、ゼウスに誓って」と彼は言った、「というのも、君がこれについて回る技術をさかんに行使するところを見ているからだ」。

「それは何ですか」。

「仲介斡旋だよ」とソクラテスは言った。

六二　するとアンティステネスはすっかり腹を立てて、こう訊ねた、「で、わたしがその種のことをしていたというのは、ソクラテスさん、あなたは何を知っているというのですか」。

「わたしが知っているのは」とソクラテスは言った、「君がここにいるカリアスをかの賢者プロディコス(2)に引き合わせたこと——カリアスは哲学に意欲満々で、プロディコスはお金を欲しがっているのを目にしてね——とか、あるいはまた彼をエリスのヒッピアス(3)に引き合わせたこととかだ。その男からは、カリアスは記憶法を学んで、さてそれ以来、美しいものを見ればそれをけっして忘れることがなくなったので、彼はいっそう色好みの人間になってしまったのだがね。六三　それから、たしかごく最近のことだが、わたしに対してもヘラクレイアから来た客人(4)を褒めあげ、わたしが彼に会いたがるようにさせておいてから、彼をわたしのそばに侍らせた。もっとも、君には感謝している。というのも、彼はまことに《立派ですぐれた人》だと

(1) 直前で一部の人たちは「ええ、確かに」と誤った返答をしたが、それは単に惰性的にそうなっただけで、彼らも正しい答え方をした人たちと同じ意見であることが明らかなので、ソクラテスはその点をあえて追及せず、軽く念押ししただけで議論を先へ進めている。Bowen はここにプラトンの「対話篇」とは異なる sense of fun を見いだしている。

(2) 第一章五に既出。

(3) エリスのヒッピアスはほぼソクラテスと同年代のソフィスト。弁論術のほかにも数学、天文学、歴史、文芸など万般にわたる博識と記憶術によって絶大な人気を博した。プラトン『ヒッピアス（大）』二八五E参照。

(4) ヘラクレイア（シケリア島の）から来た客人とは著名な画家ゼウクシス（ゼウクシッポス）のことであろう。プラトン『プロタゴラス』三一八B—C参照。

わたしには思われるからね。また、プレイウウスのアイスキュロス(1)をわたしに対して褒めあげるとともに、彼に対してはわたしを褒めあげて、君の言葉のせいでわれわれ二人は恋心を抱き合い、お互いを求めて猟犬で狩をし合うような具合にさせたのではないか。六四　で、君がこうしたことをさせることに長けているのを見て、わたしは君がすぐれた周旋人だと考えるわけだ。つまり、本人たちにとって有益である者同士を見分けることができるとともに、そうした者たちが互いに求め合うようにさせることに長けている人、こういう人こそが、国家を友好的にさせ、適切な結婚を取り結ばせることができる者として、国家にとっても友人たちのあいだにおいても［また同盟諸国にとっても(2)］断じて確保しておくに値する存在だとわたしは思っているのだよ。ところが君は、わたしが君のことをすぐれた周旋人だと言ったのを悪口のように聞いて、怒り出したのだ」。

「しかし、ゼウスに誓って」とアンティステネスは言った、「今は怒っていませんよ。もしもわたしにそんなことができるのであれば、わたしは魂にぎっしりと富を詰め込まれていることになるでしょうからね」。

こうしてこの談義は一廻りし終えた。

第五章

一　ここでカリアスが言った、「ところで君は、クリトブウロスよ、美しさの競争でソクラテスに立ち向かおうとはしないのかね(3)」。

「いや、ゼウスにかけて、彼は挑んではこないさ」とソクラテスが言った、「おそらく取り持ち人たる者が審判員たちのあいだで人気を博していることに彼は気づいているからね(4)」。

二 「いえ、どういたしまして」とクリトブウロスは言った、「わたしは引き下がりませんよ。何なりと知恵を発揮して、あなたがわたしよりも美しいということを分からせてください。ともあれ（と彼は言った）明かりを近くに持って来させることです」。

「そうとあれば」とソクラテスは言った、「まずは裁判の予審の場に君を召喚するから、さあ答えたまえ」。

三 「では、あなたから尋問を」。

「君は美しさを人間にのみ備わるものと認めるのかね、それとも何か他のものにも認めるのかね」。

「わたしとしては、ゼウスに誓って」と彼は言った、「馬や牛や、さらには数多《あまた》の無生物にも認めますとも。たしかに美しい楯とか短剣とか槍とかがあるのを知っていますから」。

四 「しかしどうして」とソクラテスは言った、「それらは互いにまるで似ても似つかないものなのに、ど

（1）プレイウウスのアイスキュロスは不明人物。プレイウウスはコリントスの南西方向の山中にある小邑。ピュタゴラス派の拠点があった。

（2）Marchant は「国家にとっても……また同盟諸国にとっても」にテクスト上の疑問符を付している。「国家にとっても友人たちのあいだでも」が直前の「国家を友好的にさせ、適切な結婚を取り結ばせる」に対応しているものと見て、「また同盟諸国にとっても」を削除する。この箇所については、他にもいくつかのテクスト修正案がある。

（3）第四章二〇での決定先送りを受けて。

（4）実際の法廷で買収行為や取引が行なわれていたことに言及しているのか。

れもが美しくありうるのかね」。

「ゼウスにかけて」と彼は言った、「われわれがそれぞれのものを所有する目的たる機能に合わせてうまく作られていたり、われわれが必要とする物事に元々うまい具合にできていたりすれば、まさにそれらものは（とクリトブウロスは言った）美しいのです」。
五　「では、君は知っているかね」とソクラテスは言った、「何のためにわれわれは目を必要としているかを」。
「明らかに」と彼は言った、「ものを見るためです」。

「そうだとすれば、すでにしてわたしの目は君のよりも美しいということになるだろうよ」。

「一体どうしてですか」。

「君の目は真っ直ぐに前方を見ているだけだが、わたしの目は引っ込んでいないので側面方向をも見られるからだ」。

「あなたの言いようですと」と彼は言った、「蟹が生き物の中で最もすぐれた目をしているというわけですか」。

「まさしくそのとおりだ」とソクラテスは言った、「蟹の目は外力に対しても元々一番うまい具合にできているのだからね」。
六　「なるほど」と彼は言った、「しかし鼻はどちらがより美しいでしょうか、あなたのでしょうか、それともわたしのでしょうか」。

「わたしの思うには」とソクラテスは言った、「わたしの鼻のほうだ。神々がわれわれに鼻を作り込んだのは臭いをかぐためだとしたらね。君の鼻は地面のほうを向いているのに対してわたしのは横に広がっていて、どこからやってくる臭いも受け止めることができるからだ」。

「しかし、どうして鼻が平べったく広がっているほうが真っ直ぐ延びているよりも美しいのでしょうか」。

「それは」とソクラテスは言った、「目が見たいものを見るのを妨げずに、ただちに見させるのに対して、高い鼻はまるで意地悪をするかのように、壁になって目と目を隔てているからだよ」。

七 「口については」とクリトブウロスは言った、「負けを認めますよ。口はものを噛みくだくために作られているのであれば、あなたはわたしよりもずっとたくさんのものを噛みくだくことでしょうからね。また、あなたは分厚い唇をしていますから、より柔らかな口づけができると思われませんか」。

「どうやら」とソクラテスは言った、「君の言うところからすると、わたしの口は驢馬よりも醜いようだ。しかしあのこと、つまりナイアスたち[1]も神々であるのだが、彼女たちの生むシレノスたち[2]は君によりもわたしに似ているということも、わたしのほうが君よりも美しいことの証拠になるというようには、君はまったく見込もうとしないのかね」。

（1）ナイアス（たち）は川や沼に棲む水の妖精。
（2）シレノスがナイアスの子であるとすれば、神に直結していることになり、先にクリトブウロスがソクラテスをシレノスになぞらえたことは（第四章一九）、むしろ彼を称賛する意味になる。相手の言を逆手に取ったソクラテスのしっぺ返し。

八　するとクリトブウロスは「もうわたしには」といった、「あなたに言い返す言葉がありません。さあ、あの二人に票決してもらいましょう（と彼は言った）、わたしがどんな目に遭わなければならないのか、どんな償いをしなければならないのかが、できるだけ早く分かるように。ただし（と彼は言った）、投票は内々にやってもらいますよ。あなたとアンティステネスさんの有している例の富がわたしをねじ伏せる怖れがありますから」。

九　そこで、あの少女と少年が内々に投票しようとしていると、ソクラテスは、そのあいだに、二人の判定者が欺かれないようにと明かりをクリトブウロスのほうに近づけさせるとともに、勝者に冠せられるのはタイニアー[1]ではなく、判定者たちからの口づけとなるよう手回しした。一〇　票が取り出されて、全票がクリトブウロス支持ということになると、[2]「いやはや」とソクラテスは言った、「どうも君の所持している金銭は、クリトブウロスよ、カリアスのものとは違っているらしい。カリアスのは人をより正しい者にさせるのに、君のは、大抵の金銭がそうであるように、裁判員や判定者たちを堕落させる威力を持っているのだからね」。

第六章

一　そのあと、ある人たちは勝利の褒賞の口づけを受けるようクリトブウロスを急き立て、ある人たちは少年少女の主人から許諾を得るようにと言い、またある人たちはあれこれとからかいの言葉を発していたが、そのあいだ、ヘルモゲネスだけは口を閉ざしていた。するとソクラテスが彼を名指ししてこう言った、「ヘルモゲネスよ、酒癖の悪さとは何であるかわれわれに言ってみてもらえるだろうか」。

するとと彼はこう答えた、「あなたが訊ねているのは、そもそもそれは何であるのかということであれば、わたしには分かりませんが、しかしながら、わたしにはどう思われるかというのであれば、言えそうです」。

「では、思われるところを言ってくれたまえ」とソクラテスは言った。

二 「でしたら、同席している人たちを酒のせいで悩ませること、それが酒癖の悪さだとわたしは判断します」。

「では、分かっているかね」とソクラテスは言った、「君も目下沈黙していることでわれわれを悩ませていることに」。

「あなた方が話をしているそのときにもですか」と彼は言った。

「いや、われわれの話が途切れたときのことだよ」。

「では、あなたはお気づきでないのですか、あなた方の話の合間には髪の毛一本挟み込めず、ましてや言葉など一つたりとも差し挟みようのないことに」。

---

(1) 栄誉の徴として頭に巻いて結ぶ紐状の飾り。

(2) わずか二票だけの票決(!)であるが、その場の戯れとして、あたかもアテナイの法廷でのように、おそらく記名した貝殻を壺に投じておもむろにそれを取り出す仕方で行なわれたのであろう。

三　そこでソクラテスは「カリアスよ、やり込められている者に[1]」と言った、「何とか救いの手を差しのべてもらえませんかね」

「わたしがお助けしましょう」と彼は言った、「笛の音が鳴っているときには、われわれは完全に口を閉ざしていますからね」。

するとヘルモゲネスは「では、あなた方は」と言った、「ちょうど役者のニコストラトス[2]が笛の音に合わせて四歩格[3]の朗唱をしたように、わたしも笛の音を伴奏にしてあなた方に語りかけるようお望みなのですか」。

四　するとソクラテスは「神々のおん前に誓って、是非とも」と言った、「ヘルモゲネスよ、そうしてくれたまえ。思うに、歌唱が笛の音に合わせるとより心地よいものとなるのと同様に、君の話も笛の音の伴奏付きなら、ずいぶん心地よいものになることだろう、――その上さらに、ちょうどあの笛吹き女がしているように、君も話すことに合わせて身振りを付けてくれようものならね」。

五　そこでカリアスが言った、「ところで、ここにいるアンティステネスが宴席で誰かをやり込める場合であれば、奏でる曲はどんなものになるのだろうか」。

するとアンティステネスが言った、「やり込められる者には甲高い音色（シューリグモン[4]）が相応しいと思うね」。

六　話がこんな具合に進んでいると、例のシュラクウサイ人が彼の演《だ》し物をそっちのけにされ、人びと同士で楽しみ合っていることに気がついて、癪にさわり、ソクラテスにこう言った、「あなたはたしか、ソクラテスさん、《思案屋》という呼び名[5]をつけられていませんか」。

「それならしかし」と彼は言った、「《思案なし》と呼ばれるよりもマシではないかね」。

「ただし、天上のことについての《思案屋》[6]と目されているのでなければ、ですけれどね」。

七 「しかし」とソクラテスは言った、「神々以上に天上のものたる何かを知っているかね」。

「しかし、ゼウスに誓って」と彼は言った、「あなたが関心を払っているのは、人びとの言うところでは、神々のことではなくて、まるでてんから益にもならないものだそうですよ」。

「いや、そうであればこそ」とソクラテスは言った、「わたしは神々に関心を払っていることになるだろう

（1）むろん、ここでソクラテスは自分が「やり込められている」と言っている。
（2）当時のすぐれた役者（プルタルコス『アテナイ人の名声は戦争によるか知恵によるか』三四八E参照）。
（3）長・短のリズムを重ねた詩形（イアンボス）で、喜劇や悲劇の台詞は主としてこれによる。
（4）シューリンクス（葦笛の一種）の奏でる鋭い音で、相手を嘲笑痛罵するのに相応しい吹き方ができる、というのであろう。
（5）アリストパネスは、喜劇『雲』（前四二三年上演）において、ソクラテスを劇中人物として登場させ、「思案所」を営み弟子を集めて天上地下のことを研究し、弱論を強弁する術を教えるソフィスト然とした姿で描いている（とくに九四—一〇一行、一五五行、二六六行参照）。シュラクウサイ人は明らかにそれを援用している。
（6）アリストパネス『雲』三六〇行参照。

よ。神々は雨を降らせて天上から益をもたらしてくれるし、天上から光を恵んでもくれている。[1]——もしわたしがげんなりさせるようなことを言っているとしたら、それは君が（とソクラテスは言った）わたしを煩わせているせいだよ」。

八「まあそれはいいとしましょう」と彼は言った、「ではしかし、蚤《のみ》はどれほどの歩幅分わたしから離れているのか[2]を、どうか言ってくださいよ。あなたはそうやって測量をする［幾何学をする］[3]そうじゃないですか」。

するとアンティステネスが言った、「ところで、ピリッポスよ、君は擬《なぞら》えごと[4]の達人だが、ここにいるこの男は人を罵倒したがっている輩にそっくりだとは思わないかね」。

「はい、ゼウスに誓ってそう思われますし」と彼は言った、「また他の多くの人たちにもそう思われていますよ」。

九「いや、たとえそうであっても」とソクラテスが言った、「君は彼を擬えることをしてはいけない、——君までもが人を罵倒する輩にそっくりだということにならないためにね」。

「しかし、もしもわたしがすべてにつけて立派で最もすぐれた人たちに彼を擬えるのであれば、わたしは当然ながら人を罵倒する輩によりも、むしろ人を褒めそやす者に擬えることになるでしょう」。

「今まさに君は人を罵倒する輩にそっくりなのだよ、——もし彼のことのすべてをよりよいように言う[5]とすればね」。

一〇「しかし、彼をより劣った者たちに擬えればいいのですか」。

「より劣った者たちに擬えてもいけません」。

「誰に擬えてもいけないのですか」

「そんな者たちの誰にも擬えてはいけません」。

「いや、しかしながら、口を閉ざしていたのでは、どのようにしてこの晩餐に相応しい働きをすればいいのかわかりません」。

「ごく簡単なことさ、言うべきでないことは」とソクラテスは言った、「口を閉ざしていればよろしい」。

こうして酒癖の悪さは沈静化した。

---

(1) シュラクウサイ人が「てんから益にもならないもの（*ἀνωφελέστατα*／アノーペレスタタ）」と言ったのに対して、ソクラテスは、語呂合わせのジョークで、それこそが「天上から益をもたらしてくれる（*ἄνωθεν ὠφελοῦσιν*／アノーテン・オーペルーシン）」神々のことに他ならないと応じているのである。

(2) 同じく『雲』への言及（一四四—一五二行）だが、シュラクウサイ人の言い方はきわめて不正確。写本は「蚤はどれほどの……離れているのか（*πόσους ψύλλα πόδας ἐμοῦ ἀπέχει*）」であるが。「あなたは蚤の歩幅でわたしからどれほど離れているのか（*πόσους ψύλλου πόδας ἐμοῦ ἀπέχεις*）」とする修正案もある。しかしシュラクウサイ人が生半可な知識でソクラテスをやり込めようとしているものとして写本どおりを読んでおく。

(3)「測量をする」と「幾何学をする」は同じ語（*γεωμετρεῖν* ゲオーメトレイン）である。

(4) 酒席などでの座興の一つ。アリストパネス『蜂』一三〇九—一三一一行参照。

(5)「彼のことのすべてをよりよいように（言う）」の部分のテクストには疑義があるが、*πάντα τὰ αὐτοῦ βελτίω* を読んでおく。

第七章

一　そのあとも、他の人たちの中には擬えごとをするようにと言う者もあれば、それを差し止める者もあった。ざわめきだっていると、ソクラテスがふたたび言った、「われわれは誰もがものを言いたがっているのだから、この辺で何をおいても皆で歌を歌ってはどうだろう」。そう言うとすぐに彼は歌い始めた。

二　そして一同が歌い終えると、陶工が使う轆轤《ろくろ》が踊り子用に運び込まれてきた。彼女がそれに乗って曲芸をしようというのだった。そこにソクラテスが割り込んでこう言った、「シュラクウサイのお人よ、このわたしと来たら、君の言うように、ほんとうに《思案屋》であるらしい。ともかく現に今も、どうすれば君が引き連れているこの少年とこの少女ができるだけ安楽にいられるか、またわれわれも彼らを見物しながら最高に楽しむことができるかを熟考しているのだよ。まさにそれは君の望んでいることでもあるのは、よく分かっている。三　そこでわたしの思うに、短剣の輪の中にとんぼ返りで飛び込むのは危険な演技で、酒宴の席には相応しくないものだ。そしてまた、ぐるぐる廻る轆轤の上に乗りながら字を書いたり読み上げたりするのはおそらくなかなか驚嘆すべきものではあるが、しかしそれがどんな愉悦をもたらしてくれるのかも、わたしには分からない。またさらには、身体を丸めて輪の形を作ったところで、美しくて花の盛りの者たちとあれば、むしろじっと静かにしているところを見ている以上に心地よいことなどありはしないよ。四　それというのも、驚嘆すべきものごとに出会うのは、もし誰かそうしたいというのであれば、さほど珍しいことではなく、まさにこの場のものごとにでもすぐに驚嘆することができるからだ、――一体なぜランプは明るい炎を点《とも》すことで光を放つのに、青銅の鏡は明るくても光を作り出すことはせず、そのものの内に他のものの光を映じ込むだけなのか、また、どうしてオリーブ油は湿ったものでありながら炎を大きくさせるのに、水は湿ったものであるがゆえに、火を消してしまうのか。しかしながら、こうしたこともワインと同じようには気分を盛り立ててはくれないからね。五　しかし、あの少年少女たちが笛に合わせてカリス［優雅の女神］たち(1)やホーラー［季節の女神］たち(2)やニュンペたち(3)を描写した仕草《しぐさ》の踊りをしてくれれば(4)、あの者たちもずっと安楽にいられると思うし、この宴会もずっと心地よいものになるだろうと思うのだよ」。
するとシュラクウサイ人は「はい、まことにゼウスに誓って」と言った、「ソクラテスさん、あなたのおっしゃるとおりですから、わたしとしてもあなた方が楽しんでいただけるような演《だ》し物をお目にかけるといたしましょう」。

---

(1) 美と優雅さを司る三女神。エウプロシュネ（歓喜の女神）、タレイア（繁栄）、アグライア（光輝）。

(2) 季節と秩序を司る三女神。エイレネ（平和）、エウノミア（規律）、ディケ（正道）。

(3) 山野、河川、樹木などに宿り、自然的霊力を持った下位の神霊で、一般に若い女性の姿で表わされる。妖精、ニンフとも。

(4) これらの女神たちはいずれも舞踏を好み、それに長じている。

第八章

一　やがてシュラクウサイ人が拍手を受けて退場すると、ソクラテスは今度はまた新たな議論に取りかかった。

「どうですか、皆さん」と彼は言った、「ここに偉大なる神霊、時間においては永久《とこしえ》の生を受けた神々と齢《よわい》を等しくし、容貌は最も若々しく、威力は万物に行き渡りつつ、われら人間の魂を住処《すみか》とするもの、すなわちエロース[1]のおわしますに、われわれは素知らぬふりでよろしかろうや。われわれは全員がこの神の信奉者であってみれば、とりわけそうではないか。二　すなわち、このわたしにしても誰かしらを恋することなく過ごしている時を言うことができないくらいだし、ここにいるカルミデスも彼を恋慕する多くの者に欠いたことがなかったし、また当人が熱を上げている相手が現に何人もいることを、わたしは知っている[2]。さらにクリトブウロスもまた、今も恋慕される身でありながら、もう他の者たちに熱を上げてもいるのだ。三　そしてまたニケラトスも、わたしの聞くところによれば、彼の妻を愛するとともに、妻からも愛されているとのことだ。さらにまたヘルモゲネスについては、われわれのうちで知らぬ者のあろうことか、《立派ですぐれたあり方》なるものがそもそも何であるにせよ、それへの熱愛によって蕩《とろ》けていることをね。いかばかり彼の眉が真剣さを示していることか、両眼がじっと定まっていることか、言うことが程を得ていることか、発する声が穏やかなことか、また気性が明朗なことかを、あなた方は目にしていないのか。彼は最も威厳ある神々を友としながらも、けっしてわれわれ人間どもを蔑《さげす》んだりはしないのだよね。しかし君一人だけは、アンティステネスよ、誰にも恋してはいないのかね」。

四「いや、神々に誓って、恋していますとも」と彼は言った、「しかも激しくです、あなたに対して」。するとソクラテスは、そわそわしたそぶりをしながら、からかい口調で言った、「今この場でわたしを厄介な目に遭わせないでくれたまえ。君も見てのとおり、わたしは他のことに携わっているのだから」。

五　するとアンティステネスは言った、「しかしながら、何ともあけすけにいつでもそういうことをするのは、自分自身の取り持ち役たるあなたではないですか。ときには例の神霊の合図(3)を持ち出して、またときには何か他のことに向かって行って、わたしと対話を交わそうとしないのです」。

六　するとソクラテスは言った、「神々のおん前に誓って、アンティステネスよ、わたしをずたずたに切

---

(1) 愛と欲望の神。古くヘシオドスでは宇宙劫初のカオスから生まれた原初的な力の神格化であるが、その後の伝承の過程ではアプロディテの子あるいはヘルメスとアルテミスのあいだに生まれた子などとさまざまに系譜づけされ、若く美しい青年の姿で表わされ、さらに後には背中に羽根のある小児（いわゆるキューピッド）として思い描かれるようになる。

(2) プラトン『カルミデス』参照。

(3) 一面において「憑かれた」人であったソクラテスはさまざまな仕方で「神知らせ」を受け取ることがあった。その一つが「神霊の合図（τὸ δαιμόνιον）」で、一種の声として彼に聞こえるのだが、プラトンによれば、常にそれは彼が何かしようとするときにその行為を「差し止める」禁止命令で、けっして何かをせよと勧告することはなかったとされる（『ソクラテスの弁明』三一C—D、四〇A、『パイドロス』二四二B、『テアゲス』一二八D—一三一Aなど）。他方クセノポンによれば、合図はときに何をなすべきかを指示してよこすこともあるとされる（『ソクラテスの弁明』一二、『ソクラテス言行録』第四巻第八章一参照）。

り刻むのはやめてくれたまえ。それ以外の君の難点については、友愛精神をもって耐えているし、これからも耐えていくからさ。ともかくも（と彼は言った）、君の熱愛は封印しておくとしよう。それはわたしの魂に対するものではなく、わたしの容姿の美しさに対するものなのだからね。

七　ところで、カリアスよ、君がアウトリュコスを熱愛していることは、このアテナイの国家全体の知るところだし、またよその国の人たちも大勢が知っていることだと思う。そのわけは、君たち双方の父親が著名人で、君たち自身も目立った存在だからだよ。八　わたしは常に君の為人《ひととなり》に感嘆してきたが、ことに今はいっそう感嘆している。君が恋している相手は華麗さをひけらかすこともなく、軟弱でなよなよすることもなくて、むしろすべての人たちに力強さと忍耐強さと勇気と節度ある態度を示しているのをこの目で見ているからだ。そうした特性に欲求を向かわせることは、恋情を寄せる者の為人を証している。九　アプロディテはお一方《ひとかた》だけなのか、それともお二方で、天上の（ウウラニアー）アプロディテと俗世の（パンデーモス）アプロディテとがおわしますのかは、しかとは知らない(1)。それというのも、ゼウスにしても、同じお一方だと思われているのに、多くの呼び名をお持ちなのだからね。しかしながらアプロディテにはお二方それぞれ別個に祭壇や神殿が設けられ、供犠も別個に執り行なわれていて、俗世のアプロディテへの供犠は簡略的なものだが、天上のアプロディテへの供犠はより神聖な仕方でなされることは、わたしも知っている。一〇　こう推し量ることもできよう——俗世のアプロディテは身体への熱愛を送ってよこし、天上のアプロディテは魂への熱愛、友愛への、そして立派な行ないへの熱愛を送ってよこすのだと。そして、カリアスよ、君が憑かれている熱愛もこの後者だとわたしには思われる。一一　君に恋慕されている相手の《立派ですぐれたさま》がその証拠であり、また君がその者との交際の場に彼の父親をも同席させているのを見るのもそうだ。立派ですぐれた恋慕者であれば、そうしたことは何も父親に対して隠すべきではないからね」。

一二　するとヘルモゲネスが言った、「ヘラにかけて（と彼は言った）、ソクラテスさん、他のことでも多々あなたを賛嘆していますが、ことに今もまたカリアスさんを喜ばせながら、同時に彼はどのような者であるべきかを教えていることでも賛嘆するばかりです」。

「そう、ゼウスにかけて」とソクラテスは言った、「さらにもっと彼が喜ぶように、魂への熱愛は身体への熱愛よりもはるかにすぐれていることをも、彼を支持して証言したいと思う。

一三　すなわち、友愛なくしては人との交際は何ら云々するに足りないことは誰しもの心得ているところだ。人柄を賛嘆している人たちの友愛は、心地よい束縛、自ら望んでの束縛と言われているのに対して、身体の欲望に駆られている者たちの多くは、恋の相手の人柄行状を咎め立てし、嫌悪する。一四　またもしも相手の身体と魂の両方に愛着を感じたとしても、若さの華やぎはきっとすぐにも盛りを過ぎて、それが消え失せると友愛も一緒にしぼんでしまうのが必定であるが、魂のほうは、それがいっそう賢明になりつづけているかぎりは、どれほど長い時を経ても、よりいっそう熱愛するに値するものとなるのです。一五　さらに

（1）二柱のアプロディテのことは、プラトン『饗宴』において、その列席者の一人パウサニアスによっても別様に詳述されている（一八〇D以下）。「天上の（ウウラニアー）」「俗世の（パンデーモス）」という呼称は他の神について言われることも多いが、性愛を司《つかさど》るアプロディテについては二面性が顕著でその区別がとくに一般化したのであろう。

また、容姿の美しさを堪能することにはある種の飽満があって、ちょうど飽食のゆえに食物に対して起こるような事態を必ずや恋の相手の少年（パイディカ）に対して感ずることになるのである。しかし魂への愛は、清純無垢であるがゆえに、かえってさらに飽きるということがなく、しかもそれなのに、あるいはそう思う者もいるかもしれないが、アプロディテの愛の恵みに与れないということはないのであって、アプロディテの愛の恵みを言葉のかたちでも行為のかたちでも与えたまえとその女神に懇願するわれわれの祈りは、明らかに聞き届けられるのです。一六　それというのも、自由人に相応しい容姿の美しさという花と、畏怖の念に富むとともに高貴なる為人《ひととなり》という花の咲き盛っている魂が、そして同年配の者たちのあいだでたちまち指導性を発揮するとともに心優しくもある魂が、いかに恋の相手を賛嘆しその者を愛するかということには、何の説明も要しないが、そのような恋情を寄せる者が相手の少年（パイディカ）から愛し返されるのは当然だということ、そのことをも説いてあげよう。一七　すなわち、まず第一には、ある人から自分が《立派ですぐれた人物》だと認められているのが分かっている場合に、誰がその認めてくれる人を憎んだりなどしえようか。そして、その人が彼自身の愉悦よりも、むしろ相手の少年の美点のほうを、本気に心掛けていることが分かっている場合にもそうではないだろうか。その上さらに、少年が何か度外れなことをなしたり[1]、病気のために容色が衰えたとしても、その人の愛が弱まるようなことはないと信じている場合にもやはりそうではないだろうか。一八　共に愛し合っている者同士にとっては、お互いに喜んで顔を合わせ、親しく語り合い、相手を信じるとともに相手からも信じられ、お互いに相手を思いやり、なすことが立派にうまく行けば共に喜び、何か不首尾な事態に陥れば共に悩み、また共に健康で一緒にいられるときには喜び合いつつ過ごし、もしどちらか一方でも病気になれば、一緒にいる時間がはるかにいっそう長くなるし、さらには二人が離れているときにこそ傍にいるとき以上に思いやるのが、どうして必然のことでないはずがあろうか。こうしたことのすべてがアプロディテの愛の恵みではないのかね。ともかくもこうしたふるまいのゆえにこそ、彼らは老年に至るまでずっとその愛に情熱を燃やしそれを享受しつづけるのだよ。一九　他方、身体に寄りすがっている者に、どうして相手の少年が愛し返してくれようか。それは、自分自身には当人の欲するものを分け前として取るが、相手の少年には破廉恥の窮みを割り当てるからなのか。あるいは、彼が相手の少年から得るものをさっさと得ようとして、そこから身内の人たちを極力遠ざけようとするからなのか。二〇　そしてまた、力づくで強要するのではなく、承知させて迫ってくることで、それゆえにいっそう憎むべき存在となる。力づくで強要するのであれば、その男自身の悪辣さが露呈するだけだが、承知させてとなれば、承知させられる側の者の魂を堕落させることになるからである。二一　しかもさらには、若盛りの身を金銭に代えて売る者となれば、どうして市場で商売をして物品を売り渡す者以上に、その買い手をいっそう愛そうとするものかね。何しろ若盛りの者が盛りを過ぎた者と、美しい者がもはや美しからざる者と、しかも恋情を抱いている者と恋情など感じていない者が交わりを結ぼうというのだから、そんな相手を愛したりするはずがあるまい。また、少年が男性を相手にするには、女性が男性とアプロディテの営みの悦楽を共に享受

（1）「何か度外れなことをなしたり（παρά τι ποιήσῃ）」にはテクスト上の疑義がある。「何か失態を演じたり（τι παραπταίσῃ）」、「正気をなくしたり（παρανοήσῃ）」などいくつかの修正案もあるが、いずれも決め手に乏しい。

するのとは違って、醒めた素面《しらふ》のままで、アプロディテによって酔わされた相手を見ているのだからね。

二二　こうしたことから、恋情を寄せてくる相手に対して侮蔑の気持ちが少年に湧いてくるとしても、何ら驚くことではない。注意してみれば気がつくだろうが、その人柄行状のゆえに愛し合っている者たちからは、問題は何も起こらないが、破廉恥な交わりからはすでにこれまでにも幾多の冒瀆的なことがなされてきているのだ。

二三　そして、魂に愛を向ける者との交際よりもむしろ身体に愛を向ける者との交際のほうが、よりいっそう自由人らしからぬ下賤なものだということ、それを今度は明らかにしよう。すなわち、言うべきことを言い、なすべきことをなすよう教え諭す者は、正当にも、ちょうどケイロン[1]やポイニクス[2]がアキレウスから受けたような栄誉を受けようが、身体をむさぼろうとする者は、当然ながら、あたかも物乞いであるかのようにあしらわれるだろう。それというのもね、そういう輩《やから》はいつでも口づけなり何なりの愛撫を懇請し要求しながらついて回るからだ。二四　少々下世話な言い方をしても、皆さんはびっくりしないでくれたまえ。これは、お酒がわたしを勢いづけ、常にわたしと起居を共にしているエロース［恋の神］が、それと張り合っている別のエロースに対して思うがままを言うよう、わたしを唆《そそのか》しているのだからね。二五　つまりこうです、――わたしに思われるところ、容姿に注意を向けている者は土地の賃借人と似ている。賃借人は土地の価値がもっと上がるようにということには無関心で、本人ができるだけ多く時節の収穫物を得られるようにということに関心を向けているからだ。他方、友愛を目的にしている者は、むしろ自分の所有地を持っている者に似ている。ともかくも彼はあらゆるところから可能であれば何でも持ち込んできて、自分が恋情を寄せている相手をよりいっそう価値あるものにすることに努めるのである。二六　さらにまた、恋の相手の少年（パイディカ）のうちでも、容姿の美しさをひけらかせば恋情を寄せている者を手玉に取れるだろうということに気がついた者は、他のことでも安易なふるまいをするのは当然である。他方しかし、少年自身が立派ですぐれていなければその友愛を持続させられないだろうということが分かっている場合には、当然ながら少年はすぐれたあり方［徳］にいっそう関心を向ける。二七　恋の相手の少年とよき友愛を結ぶことに熱を上げている者にとって最大の利点は、当人もまたすぐれたあり方の涵養に励まなければならないということである。当人が悪辣なことをしていたのでは一緒にいる相手をよくさせることはできないし、厚顔無恥ぶりや放埒さをさらけ出しながら、恋を寄せている相手を自制心に富み慎み深い者にすることもできないからである。

二八　君のために（とソクラテスは言った）、カリアスよ、神話をも取り上げて、人間のみならず神々や英雄神たちもまた魂による友愛を身体的な関係の享受よりも大切なものと目していることを述べたいと思う。二九　すなわち、ゼウスは、死すべき身の者でも美しい容姿の女性たちに恋情を抱いたが、関係を結んでの

（1）ケイロンはクロノス神の子で、上半身が人間、下半身が馬のケンタウロスだが、きわめて賢く、ヘラクレス、カストル、医神アスクレピオスらを養育し、アキレウスも彼に学んだ。

（2）ポイニクスはボイオティアのエレオンの王アミュントルの子。父王と争って国を出てプティエに赴き、ペレウス王の庇護を得て、その子アキレウスの養育にあたり、トロイヤへも同行した。

ちは、彼女らを死すべき身のままにとどめた。しかしすぐれた魂に賛嘆した者たちについては、彼らを不死なる者とした。ヘラクレス(1)やディオスクウロイ(2)がその例であり、さらに他にもいたと言い伝えられている。
三〇　そしてこのわたしとしては、ガニュメデス(3)もまたその身体のためではなく魂のためにゼウスによってオリュンポスへ連れ去られたと言っておく。彼の名前もその証拠である。というのも、たしかホメロスにこんな一節がある。

それを聞いて嬉々とする《ガニュタイ》。(4)

これは『それを聞いて喜ぶ』という意味だ。またどこか別の所にはこうある。

緻密な才覚《メーデア》を心に抱いて。(5)

これは『賢明な考えを心に抱いて』という意味だ。そこでこれら二つの言葉を一緒に合わせてみれば、ガニュメデスは『身体喜ばしき者』ではなく『心喜ばしき者』と呼ばれて(6)神々のあいだで栄誉を得ているというわけである。(7)　三一　そしてまた、ニケラトスよ、(8)ホメロスによって詩に歌われているところによれば、アキレウスがパトロクロス(9)のために華々しく復讐を遂げたのも、彼の愛する少年のためというのではなく、死せる仲間のためだったのだ。またオレステスとピュラデスも、(10)テセウスとペイリトゥウスも、(11)さらにその他半

---

(1) ヘラクレスはギリシア神話中最大最強の英雄で、ヘラに疎まれて終生難業を課されつづけ、最後は悲惨な死を遂げるが、父ゼウスの憐れみによってヘラも彼を許し、神に列せられる。

(2) ディオスクウロイは「ゼウスの子供たち」を意味する名のとおりゼウスとスパルタ王テュンダレオスの妻レダとのあいだに生まれた双子の兄弟、カストルとポリュデウケス（ポル

クス）。二人の死に際してゼウスはポリュデウケスだけを神に引き上げようとしたが、彼の懇請により二人とも、あるいは二人が交互に神となったとされる。

（3）ガニュメデスはトロイヤの祖トロス王の子で無比の美少年。オリュンポスの神々にネクタール（神酒）を給する役目につけるべくゼウスによって略奪され、天上で永遠の若さを与えられた。

（4）「嬉々とする（γάνυται）」の語はホメロス『イリアス』第十三歌四九三行、第二十歌四〇五行に現われるが、同一の詩行は見当たらない。当時はテクストが必ずしも一様ではなく、また即興的な引用が常に正確になされるともかぎらない。

（5）この詩行も同様で、ホメロス『イリアス』第七歌二七八行、『オデュッセイア』第二歌三八行と『イリアス』第二十四歌二八二行、六七四行、『オデュッセイア』第十九歌三五三行に類似の詩句があるだけである。

（6）「ガニュメデス（ガニュメーデース）」という名が「ガニュタイ」と「メーデア」から合成された、とするのは当時よく行なわれていた俗流語義説明の仕方である。

（7）「メーデア（μήδεα）」には「考え・才覚」の意とともに、その同音異義として'genitals'の意もあり、後者によれば「ガニュメデス」は「身体喜ばしき者」を、前者によれば「心喜ばしき者」を意味することになる。

（8）ここでわざわざニケラトスに呼びかけているのは、彼がホメロスに精通していることを自慢にしていたからである（第四章六―七参照）。

（9）パトロクロスは生地オプウスを逃れてプティエでペレウス王の庇護を受けて育ち、年少のアキレウスの無二の親友となった。一緒にトロイアに赴く。

（10）オレステスはアガメムノンとクリュタイメストラの子でエレクトラの弟。父がトロイヤから凱旋したときに母とその愛人アイギストスに殺され、ポキスの伯父の許に逃れたオレステスは成人ののち帰国して父の仇を打つ。ピュラデスはポキス生まれの従兄弟で、その地で親交を結んで以来終始オレステスに付き従った。

（11）テセウスはアテナイ王アイゲウスの子で、多くの冒険談があるが、とくにクレタの迷宮でのミノタウロス退治が有名。のちに王となる。ペイリトゥウスはテッサリアのラピュタイ族の王で、彼がアッティカに攻め入ってテセウスと相対峙したときにお互いの立派さを認め合い、以後無二の親友となった。ラピュタイ族とケンタウロスたちとの戦い、幼いヘレネの略奪、冥府行など幾多の冒険を共にした。

神たち[1]のうちでもとりわけすぐれた多くの者たちも、彼らが床を共にしたことによってではなく、お互いに敬愛の念を覚えたことできわめて立派な大事業を共同してなし遂げたと讃歌に歌われているのだよ。

三二　ではどうかね、今日の立派な事績はすべて、名声よりも快楽を取ることを習いとしている者たちによってよりも、むしろ労苦をいとわず進んで危険を冒そうとする人たちによって、称賛を得んがためになされているのが見られはしないだろうか。もっとも、詩人のアガトン[2]に思いを寄せているパウサニアス[3]は、放縦に惑溺している者たちを擁護して、軍隊も恋情を寄せられている少年たちと思いを寄せる者たちとで編成されれば、最も勇猛なものになるだろうと言っていたがね[4]。三三　彼らはお互いを見捨てるのを殊のほか恥じるだろうと思われるからだと彼は言っていたのだが、とんでもないことを言ったものだ。彼らは常々世の非難には聞く耳持たず、恥ずべきことをし合っている者同士なのに、殊のほかそんな彼らが何か恥ずべきことを行なうのを恥とするだろう、というのだからね。三四　しかも、彼は、テバイの人たちやエリスの人たちはその事実をよく知っていたということを、証拠として援用していたのだよ[5]。実際に彼らは愛する少年と床を共にしながらも、戦闘に際してはその少年と並んで戦列につくと彼は言っていたが、そんなことを言ってみても、何らそれらしい証拠にもなりはしない。彼らにとってはそうすることが決まりだとしても、われわれにとっては非難さるべきことなのだからね。彼らを戦列につかせる者たちは、恋の相手が離れて一人になると、すぐれた人たちのなすべき任務をなし遂げられないのではないかと疑っているようなものだとわたしには思われる。三五　それに対してラケダイモン［スパルタ］の人たちは、もし誰かが身体に手出しするようなことがあれば、もはやその者はいかなる《立派ですぐれたこと》を達成することもないとの考えのもとに、自分が恋情を寄せる相手を完璧な仕方ですぐれた者に育成して、たとえ自分に恋情を寄せる者と同じ戦団に属さずに、異国人と一緒になった場合でも、同じように傍にいる者たちを見捨てることを恥とするようにしているのだ。彼らが信奉するのは無恥の女神（アナイディア）ではなくて廉恥の女神（アイドース）だからだよ。(6) 三六 わたしの言わんとすることについては、こんな風に考えれば、われわれは全員が同意するも

---

(1) 神々と人間とのあいだに生まれた者たち。ヘラクレス（ゼウスとアルクメネの子）、ディオスクウロイやヘレネ（ゼウスとレダの子）、アキレウス（テティスとペレウスの子）、医神アスクレピオス（アポロンとコロニスの子）などがそうで、ギリシア神話の英雄たちの多くは半神ないしその直系子孫である。

(2) ティサメノスの子アガトンは前五世紀末に活動した悲劇詩人で、プラトンの『饗宴』は彼が前四一六年のレナイア祭の競演ではじめて優勝したとき（当時三〇歳前後と思われる）の祝宴という設定になっている。プロタゴラス、ゴルギアスらのソフィストに学んだ知識人で、その女性的な美貌により多くの人たちを魅了した。前四〇八／〇七年に（パウサニアスとともに）アテナイを離れ、マケドニアのアルケラオスの宮廷に赴いた。

(3) パウサニアスはプラトンの『饗宴』や『プロタゴラス』にも登場するが、それ以外に知られるところのない人物。ソクラテスとほぼ同年代か。プラトンの作品からもアガトンに思いを寄せていることが知られる。

(4) この考えはプラトン『饗宴』ではパイドロスによって語られている（一七八E－一七九A）。

(5) テバイでは実際に三〇〇人の兵からなるそうした部隊が前三七八年に編成され「神聖部隊」と呼ばれた。前三三八年カイロネイアの戦いで壊滅するまで、多くの戦いに参加した。ペロポネソス半島西部のエリスも男性同士の恋愛が盛んな地だったが、これに類することはとくに何も知られていない。

(6) 二つの女性名詞概念を女神に擬している。パウサニアスによれば、スパルタの町から約三〇スタディオン（約五・五キロメートル）のところに廉恥の女神（アイドース）の像が建てられていたという（『ギリシア案内記』第三巻第二十章一〇）。

のとわたしには思われる。すなわち、今言ったどちらの仕方で友愛の対象とされている少年にいっそうの信頼を置いて財産とか子供とかを預けたり好意の貸し借りをしたりするだろうか、というようにね。わたしの思うには、恋の相手の容姿の美しさを堪能している当人でさえも、それらすべてを託するには魂の面で愛の対象となっている者にいっそうの信頼を置くものだ。

三七 「さて、君のことだが、カリアスよ、わたしの思うに君は神々に感謝の念を覚えてしかるべきだよ、アウトリュコスへの恋情を君に投じ入れてくれたこと[1]に対してね。彼が名誉を愛する者であることは、パンクラティオンの勝者として名を告げられるために、多くの辛苦と苦痛に耐えていることで明々白々だからね。三八 しかし、もしも彼が自分自身と父親に箔をつけることだけを考えているのではなく、その雄々しさゆえに知友たちにも好意の手を差しのべ、敵に対しては戦勝記念碑を打ち立てて祖国を強大にしようと思い、またそうすることでギリシアにおいても異国においても注目を集め名を成さんと思っているのであれば、君は、彼がそうすることに最もすぐれた協力者と目する人物を最大の敬意を払って遇するものと思わないはずがあろうか。三九 だからもし君が彼に気に入られたいと思うのであれば、君は、どんなことを体得していたからこそテミストクレス[2]はギリシアを解放することができたのかを考究しなければならず、また一体どんなことを心得ていたからこそペリクレス[3]は祖国に対する最善の建言者と目されたのかを考究しなければならないし、さらには、一体どのように知的探究を深めたこと[4]でソロンは国家のために最善の立法を行なったのかをよく考えなければならず、さらにどのような修練を積むことによってラケダイモン人は最もすぐれた指揮官だと思われているのかということをも究明しなければならないのだ。君はスパルタの委嘱領事[5]をしていて、君の所には彼らのうちでも特別すぐれた人たちがいつでも滞在していることでもあるしね。四〇　だから、もし君がその気になれば、国家はきっとすぐにでも君に自らを託すことだろう。そのことは君がよく分かっているとおりだ。君には最高度の利点が備わっていることだからね。エレクテウス(6)に由来する古い貴族

---

(1) 思考や感情は神々がわれわれの心の中に投じ入れることによって生起するというのは、ホメロスなどに通例的に見られる考え方である。

(2) テミストクレス（前五二八—四六二年）はアテナイの政治家・軍事指導者。第二次ペルシア戦争に備えて海軍力を強化し、前四八〇年、サラミスの海戦でペルシア艦隊を殲滅させた。

(3) ペリクレス（前四九五頃—四二九年）は前五世紀半ばのアテナイで民主政を徹底させつつその「黄金期」を指導した政治家・軍事指導者。ペロポネソス戦争初期に流行病で斃れた。

(4)「哲学（φιλοσοφία ピロソピアー）」と同属の語（φιλοσοφήσας）が用いられている。ヘロドトス『歴史』第一巻四〇参照。

(5) 委嘱領事（プロクセノス）は、有力市民が他国の信任を得て当該国からの来訪者を保護接待することを引き受けた者。当時は大使館や領事館のようなものは存在しなかったので、それに代わる役割を果たしていた。

(6) エレクテウスは神話伝説上のアテナイの王の一人で、アテナイの神話伝説には彼の一族にまつわるものが多い。カリアスの家系はエレウシスの祭儀を司るケリュケスの一族で、その祖ケリュクスはエレクテウスの血統を引くとも伝えられるが、その系譜は必ずしも明確ではない。

の家柄に属し、イアッコス[1]とともに異国人[2]に向かって進撃した神々を祀る神官[3]であり、目下の祭礼においては[4]先祖代々の人たちのあいだにあっても特段見事に神事を執り行なっていると目されているし、また体つきも国家中でも最も立派に見栄えがするし、さまざまな苦難を耐え忍ぶこともできる、という具合だ。四一　いや、もしもあなた方にわたしが酒の席にそぐわないほど熱弁を振るっていると思われるとしても、そのことに驚かないでくれたまえ。生まれつきすぐれているとともに誇り高く徳を追い求める人たちを、常にいかなるときにも、国家と気持ちを同じくして欲《ほっ》し求める者でありつづけていればこそなのだからね」。

四二　さてそこで他の人たちは今語られたことについて話し合っていたが、アウトリュコスはカリアスを見やっていた。そしてカリアスはアウトリュコスのほうをちらちら見ながら、こう言った、「するとあなたは、ソクラテスさん、わたしを国家に対して取り持ちをして、わたしが国事に携わり、いつでも国家にとってのお気に入りになるよう計らっているのですか」。

四三　「そう、ゼウスに誓って」とソクラテスは言った「君が見せかけにおいてではなく本当に徳に気づかっていると、世の人たちが見ているのであればね。偽りの見せかけは試練に遭えばたちまち曝かれるが、真の雄々しさは、神の妨げがないかぎりは、いかなる行動においても常にその名声をいっそう輝かしいものにしてくれるものだよ」。

第九章

一　ここでその日の談論は終わった。アウトリュコスは立ち上がって歩行運動に出掛けようとしていた（すでに彼がそうする時間になっていたので）。父親のリュコンも彼と一緒に出掛けようとしながら、後ろを振り返ってこう言った、「ヘラにかけて、ソクラテスさん、あなたは立派ですぐれたお人だとわたしには思われますよ」。

二　それから、まず椅子が一脚その場に置かれ、次いであのシュラクウサイ人が入ってきてこう言った、「皆さん、アリアドネが彼女自身とディオニュソスとの新床に入ってくるところです。(5) そしてそのあとに、神々のところで少々御酒を召したディオニュソスが到来し、彼女のもとに入ってきて、それからお互いに戯れ合うでしょう」。

（1）イアッコスは酒神ディオニュソスの異名の一つ。ここに言われていることについてヘロドトスは、ペルシア戦争中、サラミスの海戦（前四八〇年）を前にして、エレウシスの方向に三万もの群衆から発したと思われるほどの砂煙が上がり、さらにエレウシスの祭礼行列の「イアッコスよ」という叫び声が聞こえたと記している（『歴史』第八巻六五）。同様の記述がプルタルコス『テミストクレス伝』一五にもある。

（2）ペルシア軍を率いてギリシアに侵攻したクセルクセス王。

（3）直前に言われたように、カリアスはケリュケス氏族に属し、累代エレウシスを司る神官であった。

（4）この日行なわれていたパンアテナイア祭への言及であろう（第一章二参照）。ただし、カリアスはエレウシス祭において松明を奉ずる役目を先祖からの世襲として担っていたので、それとの関連も考えられる。

（5）アリアドネはクレタのミノス王の娘。テセウスが怪物ミノタウロス退治に来たときに彼を助け、二人は共に島を離れるが、途中アリアドネはナクソス島に置き去りにされる。そしてディオニュソスに見いだされてこの神の妻となったと伝えられている。

三　それから、まずアリアドネが花嫁の装いで登場し、椅子に座った。そして、ディオニュソスがまだ姿を現わさないうちに、バッコス風の拍子が笛で奏でられた。まさにそのところで、一同は踊りの師匠に称賛を贈った。アリアドネが笛の音を耳にするやいなや、それを聞いたことに悦びを感じていると誰にでも分かるようなそぶりをしたからである。彼女は迎えに出ようとはせず起き上がりもしなかったが、やっとのことでじっとしているのが明らかだった。四　そしてディオニュソスが彼女を目にすると、踊りながら近づいてあらんかぎり愛情溢れる風情で跪《ひざまづ》いて座り、彼女を抱きしめながら口づけした。彼女は恥じらっている様子だったが、それでも愛情深く抱きしめ返していた。酒宴の客たちはそれを見て、拍手を贈りつづけると同時に「もう一度」と叫びつづけた。

五　ディオニュソスは立ち上がりながら、彼の身体ともどもアリアドネを一緒に抱き起こし、次いでお互いに口づけし合い抱擁し合う仕草が見物に供された。一同は、ディオニュソスがまことに美しく、アリアドネがまさに若さの盛りにあるのを目にし、また二人が戯れのふりをしてではなく本当に口と口を合わせて口づけしているのを目にすると、胸をわくわくさせながら見物していた。六　彼らには、ディオニュソスが彼女に「わたしを愛しているか」と訊ね、それに対して彼女が――ただにディオニュソス〈が……〉(1)だけでなく、その場にいた人たち全員が、その少年とその少女はお互いに深く愛し合っていると誓いを共にすることもできそうなほどに――しかと確証の返答をするのが聞こえていたからでもある。すなわち、彼ら二人の様子は振り付けられた仕草を演じているというのではなく、以前から欲していたことを実行するのをようやく許されたというようだったのである。七　終わりに、酒宴の客たちは二人がお互いに固く抱擁し合って寝所に立ち去るのを見ると、未婚者たちは結婚するぞと誓い、既婚者たちは馬にまたがると、そうしたことに与らんものと、それぞれ自分の妻の許へと駆け去っていった。ソクラテスや他にもそこに残った者たちは、リュコンとその息子のいるところへ行って散歩しようと、カリアスと一緒にその場を立ち去った。こうしてその日の酒宴は幕を閉じた。

（1）ここに何らかの語句の脱落が疑われる。補訂しなくても構文的には可能だが、ディオニュソスが（その場にいた人たち全員と同じく）「誓いを共にする」というのはやや奇異なので、「ディオニュソス〈が二人の愛を確信できた〉」といった語句を補うほうが適切であろう。

ソクラテスの弁明

一　ソクラテスについては、彼が裁判に呼び出されて以来、その弁明について、そして彼の生涯の終焉についてどのように熟慮をめぐらせたかということも、記録にとどめておくに値するものとわたしには思われる。なるほどこのことについてはすでに他の人たちも書き記しており[1]、そのいずれもが彼の大言壮語ぶりに言い及んでいて、したがって、ソクラテスの語り方が実際にそういう具合であったことは明らかである。しかし、最早そのとき彼自身にとっては生よりもむしろ死のほうが望ましいという思いを持っていたのだが、そのことを彼らは明瞭にしはしなかった。そのために、ソクラテスの大言壮語ぶりはむしろ愚かしいものに見える。二　しかしながら、ヒッポニコスの子のヘルモゲネス[2]、ソクラテスの仲間[3]であったその人が彼について伝えてくれたところからすれば、その大言壮語ぶりはソクラテスの考えていたことに相応しいものであったと思われる。すなわち、ヘルモゲネスの話はこうだった[4]。

——彼はソクラテスが裁判のことよりもむしろそれ以外のありとあらゆることについて話し合っているのを見てこう言った。

三　「しかし、ソクラテスさん、どんな弁明をするべきかをこそ考えないといけないのではないですか」。ソクラテスはまずこう答えた、「つまり君は、わたしがこれまでの生涯に亘ってずっと弁明の修練をしてきたとは思わないわけだね」。

彼が「それはどういう意味でしょうか」と言うと、「わたしはこれまでずっと何一つ不正を犯さずにきたからだよ。それこそが最善の弁明だと考えるのだがね」。

四　さらに彼が「あなたは気づいていないのですか、アテナイの法廷はしばしば言論によってたぶらかされて、何も不正を犯していない人たちに死罪を科してきたし、またしばしば不正を犯した者たちに対しても言論によって憐れみを催し、あるいは彼らが甘言を弄する言い方をしたために無罪放免してきたことに」と言うと、「しかし、ゼウスに誓って」とソクラテスは言った、「これまでにも二度(5)わたしは弁明のことを考え

---

(1) プラトンの『ソクラテスの弁明』が本作品に先行することはほぼ確実である。その他にもソクラテスの徒たちのうちアイスキネスのものが古代では最もよく知られており（わずかな断片が残されている）、またディオゲネス・ラエルティオス『ギリシア哲学者列伝』には「ソクラテス的対話篇」を著わした人として、アンティステネス、キュレネのアリスティッポス、メガラのエウクレイデス、エリスのパイドンらの名が列挙され（第二巻六四）、さらにクリトンも「対話篇」を残したと伝えられている（第二巻一二一）。

(2) ヘルモゲネスについては「解説」二三九頁参照。

(3) 「仲間（ἑταῖρος ヘタイロス）」にはソクラテスの思想の共鳴者（同志）という党派的な意味合いが含まれている。

(4) 以下彼からの報告による七節までの内容は、『ソクラテス言行録』第四巻第八章四―八とほぼ対応している。

(5) 「二度」というのはどういう意味か。『ソクラテス言行録』の対応箇所（第四巻第八章五）にはこの語はない。

てみようとしたのだが、すると例の神霊（ダイモーン）の合図[1]がわたしに反対するのだよ」。

五　そこで彼が「途方もないことをおっしゃいますね」と言うと、今度はこう答えた、「神にさえもわたしはもう死を迎えるほうがいいと思われているというのが、途方もないことだと君は考えるのか。これまでのところどの人間に対してもわたし以上によりよき生を送ってきたと譲歩するつもりがないことを、君は知らないのかね。それというのも、最も喜ばしいこと、それは自分が敬虔に、そして正しく全人生を生き通してきたということがわたしにはよくよく分かっていることで、だからわたしはそれを大いに自己礼讃しているし、同じことをわたしと一緒に寄り集まっている人たちも認めてくれているのを見て取っていたからだよ。六　しかし今となっては、これ以上年齢が進めば、老いに伴うあれこれの負担を納めなければならないだろう、つまり目もだんだん悪くなり、耳も聞こえにくくなり、もの学びがいっそう悪くなり、学んだことでもより忘れっぽくなる――それがわたしには分かっている。みすみす自分が衰えていくのを感じ取り、自分自身を責め苛《さいな》もうとするのであれば、どうしてそれでもなお」と彼は言った、「快適に生きていくことができようか。七　おそらくはね」と彼は言った、「神もまたわたしへの好意から、ちょうど適切な年齢でというだけでなく、できるだけ安楽な仕方で生を終えるようにということをも取り計らってくれているのだよ。もしも今わたしに有罪判決が下されるならば、明らかに、それをわたしの終焉とすることができるのだが、その死はそうしたことを管掌する者たち[2]によって最も安楽だと判断されているものであり、知友たちの手を煩わせることの最も少ないものでありながら、死にゆく者たちへの哀惜の念を最も強く起こさせるものでもあるのだ。その場に居合わせる人たちの思いの内に無様なことも不快なことも残さずに、健全な身体と明朗闊達でありうる状態の魂を有したまま息を引き取ろうとしているときに、どうしてその人が惜しまれずにいようことか、そうなるに決まっているではないか。八　あのとき神々がわたしの弁論のことを考えるのに反対したのは正当なことだったのだよ」と彼は言った、「ただし、そのときわれわれにはあらゆる手立てを尽くして追及を逃れる方策を探し求めなければならないと思われたのだったがね。というのも、もしわたしがそれをやり通していたならば、今ここで生を終えるかわりに、病気によって、あるいは厄介で楽しさなどまるでないありとあらゆることが押し寄せてくる老齢によって、苦痛に苛まれながら死を迎えるお膳立てを整えるところだったのだ。九　ゼウスに誓って」と彼は言った、「ヘルモゲネスよ、このわたしとしてはそんなものを懸命に求めようとはいささかも思わない。むしろ、わたしが神々や人間たちから授かった立派なもの

(1)「ダイモーンの合図」とした τὸ δαιμόνιον は文字どおりには「神霊（ダイモーン）的なもの」の意だが、クセノポン（一二節）およびプラトン（『ソクラテスの弁明』、『エウテュプロン』、さらには『テアゲス』など）には、それを一種の声として聞こえてくるものとされている。またプラトン『ソクラテスの弁明』四〇Bには τὸ τοῦ θεοῦ σημεῖον（神からの徴・合図）とも言い換えられている。ソクラテスには子供の頃から頻繁にそれが送られてきたとのことで、プラトンによればそれは常に何らかの行為を差し止めるもので、けっして何かをなせと勧奨することはなかったとされるが、クセノポンによればその両方の場合があったとされている（一二節、『ソクラテス言行録』第一巻第一章四、第四章一五、第四巻第三章一二、第八章一など参照）。ソクラテスの告発者たちはこの語を「（新奇な）神霊的存在」の意で用いて重大な罪状の一つとしている（一〇節参照）。

(2) アテナイでは牢獄の管理および刑の執行を司る役職として、「十一人」と呼ばれる刑務委員が選任されていた。

と考えるかぎりのものを、そしてわたしがわたし自身について思うところのことをはっきり表明することで、裁判員たちの不興を買うというのであれば、わたしは、自由人らしからぬ態度でなおも命乞いをして死に代えてそれよりもずっと悪しき生を手に入れることよりも、生を終えることのほうを選び取るだろう」。

一〇　ヘルモゲネスの言ったところによれば、ソクラテスはこのように考えていたので、相手陣営[1]が《彼は国家の認める神々を信奉せず、他の新奇な神霊的存在を導き入れ、そしてまた若者たちを堕落せしめている[2]》として彼を告発したときに、ソクラテスは進み出てこう言った、一一「しかしながら、皆さん、わたしとしてはメレトスのことでまず驚いているのは、一体何を根拠にしてわたしが国家の認める神々を信奉しないと言っているのかということです。わたしが公共の祭礼に際しても公的な祭壇においても供犠を執り行なっているところは[3]、その場に居合わせた他の人たちも見ていたことですし、その気になればメレトス自身も目にできたのです。一二　新奇な神霊についても、わたしには神の声が立ち現われて何をなすべきかを指し示してくれると言っているとしても、どうしてわたしがそれを導き入れているというようなことになるのか。鳥の鳴き声や人間の発する言葉を占いに用いている人たち[4]も音声によって事を判断しているわけですからね。また雷鳴についてであれは音声ではないとか、最大の予兆ではないと異論を唱える人がいるでしょうか。そしてまた、ピュトなる地の三脚台に座せる巫女自身も声によって神からのお告げを取り次いでいる[5]のではないですか。一三　いや、神が来たるべきことを予知し、知りたいと思う者にはそれをあらかじめ知らせるということ、このこともまた、まさにわたしの言っているとおりに、万人が言っているし、信じてもいるのです。ただし、世の人たちはそのあらかじめ知らせてくれるものを鳥と言い、人の声と言い、兆候と言い、予言者と言うのに対して、わたしはそれを神霊（ダイモーン）の合図と言い、こう名付けることで、神々の力を鳥に帰している人たちよりもさらにいっそうほんとうのことを、いっそう敬虔な態度で語っていると思っています。わたしが神を蔑ろにするような偽りを述べてはいないということについては、さらにこういうことも証拠となります。それはつまり、これまでわたしは知友たちの多くの者に神の忠言を伝えてきましたが、一度たりともそれが偽りだったことがない、[6]ということです」。

一四　これを聞いて裁判員たちは騒然となり、ある者たちは語られていることに不信感を抱き、またある者たちは、ソクラテスが彼ら自身よりも大きな恩恵を神々から受けているのではないかと妬ましい思いに駆

（1）ソクラテスを告発したのはメレトスという若くてファナティックな詩人、リュコンというほとんど知られるところのない弁論家、そしてアニュトスという皮鞣業者で時の有力な民主派政治指導者の三人。告発状（宣誓口述書）の名義人はメレトスだが、実際上はアニュトスが告発の中心人物であった。

（2）『ソクラテス言行録』第一巻第一章一にはさらに原物に近いかたちで記されている。なお、ソクラテスに対する告発状（宣誓口述書）はパボリノスの時代（後一世紀半ば）にもなおアテナイの公文書庫に保管されていた（ディオゲネス・ラエルティオス『ギリシア哲学者列伝』第二巻四〇）。

（3）『ソクラテス言行録』第一巻第一章二参照。

（4）『ソクラテス言行録』第一巻第一章三参照。

（5）ピュトはデルポイ付近一帯の地を指すが、ここではデルポイのアポロン神殿を意味する。ギリシア世界で最も権威ある神託所があり、神託は神殿最奥の部屋に置かれた三脚台に座した巫女が神憑り状態にあって発する「声」を神官が聞き取ったものを文字化して降した。

（6）ダイモーンの合図について『ソクラテス言行録』第一巻第一章四にも同じことが言われているが、プラトンでは、それはソクラテス自身の言動を差し止めるものだったことが明言されている（ただし、偽作の可能性が高い『テアゲス』一二八D－一二九Dを例外として）。

られたが、そのとき彼はさらにこう言った、「さあ、それではもっと別のことも聞くがいい、あなた方のうちにお望みの者あれば、わたしが神霊から尊重されていることへの不信感をもっと募らせようとするためにね。それはこういうことです。――あるときカイレポン(1)がデルポイで、大勢の人の居合わせている中で、わたしについて訊ねたところ、アポロンは、人間のうちで誰一人としてわたしよりも自由人らしい者も、正しい者も、分別のある者もいない、との神託を降したのです」。一五　これを聞いて裁判員たちが今度も、当然ながら、さらにいっそう騒然となると、ふたたびソクラテスは言った、「しかし、皆さん、神はラケダイモン［スパルタ］人のための立法を行なったリュクウルゴス(2)については、わたしに対してよりももっと重大なことを神託において告げたのですよ。すなわち、彼が神殿に入っていくと、アポロンはこう話しかけたとのことです、「お前を神と言うべきか人と言うべきかを思案しているところだ」。他方わたしのことは神になぞらえるようなことはせず、ただ人間たちのうちで他にはるかに優越していると認定したわけなのだが。とは言うものの、どうかあなた方は神をわけもなく信ずるのではなく、神の言ったことを個々に一つずつ考えてみてください。一六　というのも、どうですか、誰かわたしよりも身体の欲望にわずかにしか隷従しない人をあなた方は知っていますか。世人たちのうちに誰かもっと自由人らしくて、誰からも贈り物や報酬を受け取ることのないような人を知っていますか。現に手許にあるもので事足れりとして他人のものは何も必要としない者よりも誰かもっと正しい人を、あなた方は然るべく考えられるのでしょうか。また、こんな人間を知者と言うのが当然ではないでしょうか、つまり、言われていることを聞き分けられるようになって以来、一時たりともわたしは自分にできるかぎり善きものごとを探し求め学び知ることをやめたことのない者なのですが。一七　そしてこのことも、すなわち徳を希求する多数の同胞市民たち、あるいは他国の人たちの多くが、他のすべての人たちをさしおいてこのわたしとつき合うのをよしとしてくれているということも、わたしの苦しい努力が無駄ではなかった証拠だとあなた方には思われませんか。また、わたしが金銭のお返しをすることなどおよそできないことを誰もが知りながら、それにもかかわらず多くの人たちがわたしに熱心にものを供与したがる、その理由はどこにあると言えばいいでしょうか。また、わたしのほうは与えられた好意に対する返礼を誰一人からも求められてはいないのに、わたしに対しては多くの人たちが受けた恩恵に報いなければならないという気持ちで一致しているのはどういうことでしょうか。一八　そしてまた、かのアテナイ包囲攻撃(3)に際しては、他の人たちは自分たちの憐れな身の上をかこっていたのに、わたしは国家が最も繁栄を誇っていた当時と比べて少しも困窮することなく暮らしていたのは、どういうことでしょうか。あるいはまた、他の人たちは多額の出費をして市場から手に入れたもので贅沢三昧にふけっているが、わた

(1) カイレポンは最も古くからの熱心な「ソクラテスの仲間」の一人（『ソクラテス言行録』第一巻第一章四、プラトン『ソクラテスの弁明』二一A参照）。彼がソクラテスについてデルポイに神託伺いしたことについてはプラトン『ソクラテスの弁明』二一A以下にも語られているが、そこでは「ソクラテス以上の知者は誰もいない」との神託が降されたとされ、それはソクラテスの生涯にとってより重大な深い意味を持つものとなっている。「解説」二五一頁註（1）参照。

(2) リュクウルゴスはスパルタの法制を定め国の基礎を固めたとされる伝説上の人物。ここに言及されている逸話についてはヘロドトス『歴史』第一巻六五にさらに詳述されている。

(3) ペロポネソス戦争末期の前四〇四年にアテナイがスパルタ軍によって包囲され、無条件降伏に追い込まれたときのこと。クセノポン『ギリシア史』第二巻第二章参照。

しは自分の魂の中から出費することもなしに彼らよりももっと快適な贅沢を按配しているの[1]は、どういうことでしょうか。ですから、もしも、わたしが自分自身について述べたことに対して、誰もわたしが嘘をついているのだとして反駁できないのであれば、もうそれでわたしは神々からも人間たちからも称賛されて然るべきだということになるのではないでしょうか。一九　しかしそれでも君は、メレトスよ、わたしがこうした行ないをしていることで若者たちを堕落させていると主張するのかね。ともかくわれわれは、若者たちの堕落にはどういうものがあるのか、むろんよく知っている。さあ君、言ってみたまえ、わたしのせいで敬虔だったのに不敬虔になったとか、思慮分別があったのに傲慢不遜になったとか、慎ましく暮らしていたのに贅沢にふけるようになったとか、あるいはほどほどに酒を飲んでいたのに酒浸《びた》りになったとか、勤勉精励だったのに惰弱になったとか、あるいはまたその他の愚劣な快楽に打ち負かされたという若者を誰か知っているのかどうか」。

二〇「いやしかし、ゼウスに誓って」とメレトスは言った、「あなたが説き伏せて両親よりもむしろあなたに従うようにさせた若者たちのことをわたしは知っている」。

「それは認めるとも」とソクラテスは言った、「教育のことでならね。わたしが携わってきたのがそれだとは、彼らも知っていることだ。しかし健康についてであれば人々は両親よりもむしろ医師の言うことに従っているし、また民会においては、きっとすべてのアテナイ人が親戚縁者によりもむしろ最も思慮に富んだ発言をする人たちに聞き従っているのだ。というのも、軍事統率委員［将軍］の選出でも、父親よりも兄弟よりも、さらには、ゼウスに誓ってそうだとも、あなた方自身よりも、軍事について最も思慮に富んでいると思える人たちをこそ、あなた方は選ぶのではないですか」。

「たしかにそのとおり」とメレトスは言った、「ソクラテスよ、そうするのが有用でもあり慣例でもあるのだから」。

二一 「それでは」とソクラテスは言った、「このこともまた驚くべきことだと君には思えないかね、つまり人々が行なう他のことでは最もすぐれている者は平等の取り分に与るにとどまらず別格に奉られるものだが、しかしこのわたしは、人間にとって最大の善きものについて、すなわち教育について最もすぐれた者だと一部の人たちからは評価されているのに、それがために君からは死罪を求刑されているというのはね」。

二二 ――これよりもっと多くのことがソクラテスおよび彼を支持して発言した知友たちによって述べられたことは明らかである。しかしわたし［クセノポン］としてはこの裁判の模様のすべてを述べることに熱を入れたわけではなくて、ソクラテスが神々について不敬虔であったり人びとについて不正を働いていると思われないよう、彼があらゆる手立てを尽くしたことを明らかにすること、二三 またしかし死罪を免れるよう懇願するようなことはすべきでないと思い、むしろすでに彼には生を終えるにちょうどよい時期だと考えていたことを明らかにすることで十分だった。そして、彼がこのような認識を持っていたことは、この裁判の評決がなされた段階で明々白々となった。というのも、まず第一には、量刑の対案を申し出るよう求め

（1）他の人たちは、欲望が生ずると「市場から」（外部から）できるだけ多くのものを手に入れてそれを診たそうとするが、ソクラテスは、欲望を抑制することによって、「魂の中から」他の人たち以上の満足感を得ることができる、ということ。

られたとき、自分でも申し出ようとせず、友人たちがそうすることも許さずに[1]、量刑の対案を申し出るのは不正を犯していることを認める者のすることに他なるまい、と言っていたし、それからまた、仲間たちが彼を牢からひそかに連れ出したいと思ったときにも、それを聞き入れようとせず[2]、このアッティカ[3]の外のどこかに死の寄りつきがたい場所を知っているのかと訊ねて嘲弄しているように思われもしたのである。

二四 〔ふたたびヘルモゲネスの伝えた話に戻ると〕――そして裁判が終了したとき、ソクラテスはこう言った、「しかし、皆さん、偽りの誓いを立てわたしについて偽証するよう証人たちに教導した者たちも、また彼らの言いなりになった者たちも必ずや大それた不敬虔と不正を犯しているという意識を自覚せざるをえないのです。他方わたしの側には、今になって有罪判決が下される以前よりも自分を卑下して考えるべき筋合いなどどうしてありましょうか、――わたしが犯したとして彼らが訴え出た事柄の何一つとして有罪立証されはしなかったのですから。すなわち、このわたしがゼウスやヘラやその二柱に居並ぶ神々に代えて、何か新奇な神霊に犠牲を捧げたとか、またその他の神々に誓いを立てたり尊崇したりしたとかいうことは何一つ明らかにはならなかったのです。二五 さらにはまた、若者たちに忍耐強さと質素倹約を旨とさせているというのに、どうしてわたしが彼らを堕落させることになるのでしょうか。さりとて、それに対する罰として死刑が定められているような仕業、すなわち神殿荒しだとか押し込み窃盗だとか人さらいだとか国家への反逆だとかについては、わたしを訴え出た当の者たちでさえ、それらのどれ一つとしてわたしがやったとは言っていないのです。ですから、あなた方は一体どうしてわたしが死刑に値するようなことをしでかしたのは明らかだというのか、わたしとしては不可解としか思われないのです。二六 もっとも、しかしわたしの死が不当なものであるということ、そのことのゆえに自分を卑下して考えるには及ばない。これを恥ずべきはわたしではなく、わたしを告発断罪している側の者たちなのですから。そしてまた、わたしとよく似たような最期を遂げたパラメデス(4)がさらにわたしの慰めとなります。今でもなお彼は、不当な仕方でこの人を殺したオデュッセウスよりもはるかに立派な讃歌の数々を生み出しているのですから(5)。わたしは知っている、わたしがいついかなるときにも誰に対しても不正を犯したこともなければ、より劣悪な者にしたこともなく、むし

(1)プラトン『ソクラテスの弁明』三八Bによれば、最終的には三〇ムナーの罰金刑というごく形式的な量刑の対案にソクラテスはしぶしぶ同意しているが、それはむしろ裁判員たちをさらに激高させるものであった。
(2)プラトン『クリトン』はこの点を主題とした対話篇である。
(3)アテナイの支配下にある地域。北接するボイオティアおよびメガラ以南、スウニオン岬までの半島部全域を言う。
(4)トロイヤ戦争におけるギリシア方の英雄の一人で知略に長けていた。オデュッセウスがトロイヤ遠征を免れようとして狂気を装っていたことを見破ったことで彼の恨みを買い、そのために彼が仕掛けた陥穽によって敵のトロイヤ方と通じているとの無実の罪を着せられ処刑された。パラメデスのことはプラトン『ソクラテスの弁明』四一Bにも言及されている。
(5)前五世紀のアッティカ悲劇においてもオデュッセウス、パラメデスともに題材とされているが、前者がしばしば冷酷で奸智に長けた英雄とされている(エウリピデス『ヘカベ』『トロイヤの女』、ソポクレス『ピロクテテス』など)のに対して、後者については、アイスキュロス、ソポクレス、エウリピデスがそれぞれ『パラメデス』というタイトルの作品を書き、ソポクレスには他にも彼を扱った作品があって、悲運のすぐれた英雄として歌われていたことが知られている。またゴルギアスに『パラメデスの弁明』がある(ゴルギアス「断片」一一a(ディールス/クランツ))。

ろわたしと対話を交わす者たちに対して、わたしにできるかぎり、善ということを無料で[1]教えることで益を施してきたということが、これから来たるべき時によってもすでに過ぎ去った時によっても、わたしを支持して証言されるだろうということを」。

二七 〔以下はヘルモゲネスの伝えた話を離れて語られる〕――こう言い終えると、ソクラテスは退場していったが、その様子はまさに彼の話したことに相応しく、眼差しも態度も歩みも光り輝くばかりであった。そして彼に付き従ってくる人たちが涙に暮れているのに気がつくと、「どうしたことなのかね」と彼は言った、「この今になって涙を流すとはね。死は、まさに生まれたそのときから、自然の定めとしてわたしに申し渡されていたということは、君たちはとっくの昔から知っているのではないか。なるほどしかし、もし善きことが次々と押し寄せてきているのに、わたしがそれを待たずに死を迎えるというのであれば、明らかに、わたしにとっても、わたしに好意を寄せてくれる人たちにとっても嘆かわしいことだ。しかし数々の苦難が予期される中で生を終えるのであれば、それはわたしにとって幸いなことと考えて、君たち皆の喜びとしなければならない、とわたしには思われるのだがね」。

二八 その場にアポロドロス[2]という人がいて、彼はソクラテスの熱烈な信奉者だが、それを別にすれば純朴な人物であった。そんな彼なればこそ、こう言った、「しかしながら、わたしとしては、ソクラテスさん、あなたが不当に死罪に処せられるのをこの目で見るは、いかにも辛く耐えがたいことです」。それに対してソクラテスは、彼の頭をなでてからこう言ったとのことである、「しかし君は、いとも愛すべきアポロドロスよ、わたしが不当に死罪に処せられるのよりも、むしろ正当に死罪に処せられるのを見たかったのかね」。

そして、そう言いながら笑いを浮かべたとのことである。

二九　また世間ではこうも言われている。すなわちアニュトスが傍《かたわ》らを通り過ぎるのを見ると、ソクラテスはこう言った、「この男は、わたしを殺すことで何やら大きくて立派なことをなし遂げたかのように得意満面だが、その実は、彼が国家から最高の要職に就くに相応しいと評価されているのを見たわたしが、息子に皮鞣《なめ》しの仕事に携わる教育はしないようにするべきだと言ったからなのだ。彼は何と醜悪な男なのだろう、われわれ二人のうちのどちらにせよ、全時間に亘ってより有益でより立派なことをなし遂げた者、その者こそが勝者なのだということもどうやら知らないようだとは。三〇　ともあれしかし（とソクラテスは言った）、ホメロスも生の終わりを迎えた人たちの何人かに将来を予知する力を付与したのだが[3]、このわたしもまたちょっとした予言を降してみたいと思う。すなわち、以前わたしは少しだけアニュトスの息子とつき合ったことがあるが、彼の魂には強靭さがないわけではないように思われたのだよ。そこからして、わたしは言うのだが、父親が彼にあてがっておいた、奴隷に相応しい仕事に彼がずっと留まりはしないであろうが、しかし彼には本気で配慮をめぐらしてくれる人がいないので、何らかの恥ずべき欲望の罠にかかって、悪の道を遙

(1) 教育の専門家と認められていたソフィストたちが高額の受講料を取って教えていたことに対して。
(2) アポロドロスは最も熱心な「ソクラテスの仲間」で激情的性格の持ち主。プラトンの『ソクラテスの弁明』や『パイドン』にもソクラテスの裁判や死にも立ち会った人たちの一人として登場している。またプラトン『饗宴』では彼が聞き伝えの報告者という設定がされている。
(3)『イリアス』において、パトロクロスがヘクトルの死を（第十六歌八五一行以下）、ヘクトルが死の間際にアキレウスの死を（第二十二歌三五八行以下）を予言したことなど。

か彼方まで突き進むことになるだろう」。

三一　ソクラテスがこのように言ったのは偽りではなく、その若者は酒を好んで、夜も昼も飲みつづけて、遂には彼の国家にも知友たちにも、さらには彼自身にとってさえも無に等しい存在に成り下がったのだった。それでアニュトスのほうは息子に対する教育の拙《まず》さと彼自身の思慮のなさゆえに、死んでしまった今になってもなお悪い評判を受けている。

三二　他方ソクラテスは、裁判所において自分自身を誇示することで反感を煽り、彼自身に対して裁判員たちがいっそう有罪判決を下すようにさせたのだが、しかしわたし［クセノポン］には、彼は神に愛された者の運命に巡り合わせたのだと思われる。というのも、彼は人生のうちで最も煩わしい部分を置き去りにして、死のうちで最も安楽なものに与ったからである。

三三　彼はまた、魂の強靱さというものを見せてくれた。すなわち、彼は、さらに生きつづけるよりも死のほうがより優《まさ》っていることを悟ってからは、他のいろいろな善きものに逆らうことがなかったのと同じように、死に対しても気持ちがくじけることなく、快活にそれを迎え入れ、最期を全うしたのである。三四　わたしは、この人の英知と高貴さに思いを致すにつけ、彼を思い出さずにはいられないし、また思い出しては称賛せずにいられない。もし誰かが徳を追い求めていて誰かしらソクラテス以上に益をもたらしてくれる何者かと相会した人がいたとするならば、わたしは、そんな人を至福に恵まれた者とするにこの上なく相応しいと考えるものである。

解説

一、はじめに

本分冊には『ソクラテス言行録（思い出）』以外のソクラテス関連著作三篇、すなわち『家政管理論』『酒宴』そして『ソクラテスの弁明』を収める。これらのうち『ソクラテスの弁明』は表題のとおり彼の裁判と死に直接関連したものでむしろ『ソクラテス言行録』（とくに第一巻第一章、第二章、第四巻第八章）とともに事件に対する弁明的、記録的な性格が明確に反映されている。『酒宴』および『家政管理論』はプラトンの「対話篇」に近いかたちをとりながら、生前のソクラテスの姿を、むろんクセノポン自身の流儀で理想化された仕方で描いた作品となっている。

＊

クセノポンの生涯や著作については、この『西洋古典叢書』所収の他巻にもすでに詳しい「解説」があり、『ソクラテス言行録1』の「解説」でも簡単ながら述べておいた。ここでは便宜のために彼の生涯を年表的に纏めた箇所のみを若干補足しつつ再録しておく。

▽前四三〇ないし四二五年頃、アテナイに生まれる。エルキア区の所属で、父はグリュロス、母はディオドラ。比較的裕福な家柄であったと推測される。［前四三一—四〇四年、ペロポネソス戦争。前四二七年頃、プラトン生まれる。］

▽前四〇一年、テバイの友人プロクセノスに誘われて、小アジアのサルディスにペルシア王族の貴人キュロスを訪問。

▽同年、キュロスがペルシアの王位を狙い兄のアルタクセルクセス王に対する叛乱を起こし、クセノポンはギリシア人傭兵の一人としてそれに参加。キュロスはバビュロン付近で敗死し、クセノポンたち一万人のギリシア人傭兵は敵中を横断して北方に退却、いったんトラキアに帰還した後、前三九九年に再び小アジアのペルガモンに戻る。彼らはその地で対ペルシア戦を遂行中のスパルタ軍の傭兵となり、アゲシラオス王の知遇を得る。［前三九九年、ソクラテス裁判と刑死。］

▽前三九四年、スパルタに帰還するアゲシラオスに同行してギリシア本土に戻るが、その途次、ボイオティアのコロネイアでアテナイを含むギリシア諸国連合軍とスパルタ軍の戦闘があり、クセノポンは祖国と戦うことになる。彼がアテナイを追放されたのは、主としてそのためだったと思われる。［この頃、プラトン『ソクラテスの弁明』、ポリュクラテス『ソクラテスの告発』が書かれた。］

▽アゲシラオスの知遇を得たこととスパルタ軍への貢献により、スパルタに迎えられ、やがて（前三八

〇年代初めか）オリュンピア付近の小邑スキルウスに住居と農園を与えられてその地に定住、農事や狩猟の傍ら著作に勤しむ。妻ピレシアとのあいだにグリュロスとディオドロスの二児（双生児）をもうける。

［前三八〇年代半ばにプラトン『饗宴（酒宴）』が書かれた。］

▽前三七一年、レウクトラの戦いで、スパルタがエパメイノンダス麾下のテバイに敗れると、エリス勢力がスキルウスに侵攻したために、クセノポンは同じエリス領内の町レプレオンを経てコリントスに移住。

▽前三七〇年頃、アテナイとスパルタが、テバイに対抗するために手を結び、その結果クセノポンに対するアテナイの制裁が緩和されたものと思われる。のちにアテナイへ帰国したとする伝承もあるが、おそらくは（一時的にアテナイへ戻ることはあったにしても）終生コリントスに留まったとする説が有力である。これ以降も生活の柱は著作活動にあったと考えられる。

▽前三六二年、テバイに対するマンティネイア付近の戦いに、二人の息子がアテナイ軍の騎兵として参加し、グリュロスは果敢な戦闘の末に斃れる。

▽没年は、ディオゲネス・ラエルティオスでは前三六〇年とされているが、クセノポン自身の著作における記述内容から、前三五五年以降と考えられる。

彼とソクラテスとの関係、そして本分冊所収のソクラテス関連著作について常に比較対照されるプラトンとの関係についても、全般的なことはやはり『ソクラテス言行録1』の「解説」で触れておいた。両者はほぼ同年に生まれ、ともに晩年のソクラテスと親しくつき合い、深い影響を受けた。前三九九年に起こった彼の裁判と死という重大事件に先立ってアテナイを離れたクセノポンではあったが、それまでの青年期において、彼なりに圧倒的な「ソクラテス体験」を享受して、それを終生の糧とし指針として奉ずることに努めたことはたしかである。『ソクラテス言行録（思い出）』の結語に記された次のような長大なセンテンスは、あたかもプラトン『パイドン』のそれと照応するかのように、彼が生涯に亘って抱きつづけた師ソクラテスへの畏敬の念が最も純粋な結晶を結ぶようにして表明された真情に他ならないであろう。

わたしにとっては、彼［ソクラテス］はまさにこれまでわたし自身が述べてきたとおりの人であり、神々の意によらずには何事もなさないまでに敬虔の念篤く、誰に対してもほんのわずかな害も及ぼさず、彼と親交を持つ者たちには無上の益をもたらすまでに正義の人であり、一度たりともより善きものに代えてより快適なものを選び取ることがないまでに自制心に富み、より善きものとより悪しきものとの判別に誤ることがないまでに、しかも他に何も要さず、自足自存してそれらの判断をなしうるまでに思慮分別豊かであり、かつまたそうした事柄を言葉にして人に語りはっきり示すことにも、他の人たちを検証して、過誤に堕している者があれば反駁することにも、さらには彼らを徳と完璧な立派さへと向かわせることにも十分な力量を発揮したのであり、彼こそは、まさに最も善き人、最も幸福に恵まれた人であったとわたしには思われたのだった。

（第四巻第八章一一）

なるほどクセノポンに深い「哲学」的考察は見いだせないかもしれない。しかし生前のソクラテスの言行の逐一をたえず思い起こしつつ、ソクラテスの日常の姿に示現されてあった「善く生きる」ありようをクセノポン自身の生のうちになぞらえて生きることに努めたかぎりにおいては、「ソクラテスの徒」として人後に落ちないだけの自覚と自負を有していたはずである。彼は「哲学者」たろうとはしない。彼にとって哲学とはむしろそれを生きること、すなわち「ソクラテスに倣って（imitatio Socratis）」日々を生きることであった。矮小化を懼れずに言えば、クセノポンにとって哲学とは、理想的な意味での人生訓として生身の生のうちに浸透し、それを支える力として息づいているものなのである。

ディオゲネス・ラエルティオスが彼を、プラトン、アンティステネスとともに、三人の主要なソクラテスの徒として挙げているのも、[1] 少なくともその時代（後三世紀初頭）における評価の反映として、異とするに足りないとも言えよう。ローマに根を移した哲学がむしろそのように生の指針としてのあり方を本領としたことは、帝政期のストアの賢者たちによって明瞭に示されている。クセノポンは、あるいはその先蹤者と目されていたのではないか。彼の著作がローマ人のあいだで歓迎されたのは、平明率直な模範的文章の力によるところ大であるとともに、常にその思想が具体的実践において論じられていることが彼らにうまくマッチするものだったからであろう。

二、『家政管理論』について

ギリシア語表題「オイコノミコス（οἰκονομικός）」の元にある名詞「オイコノミアー（οἰκονομία）」は「オイコス（οἶκος）」を「管理差配すること（-νομία > νόμος）」を意味する。「オイコス」は「家」ないし「家産」を意味するが、オイコノミアーが対象とするのは土地家屋家財など有形の資産だけではなく、奴隷を主とする使用人の管理、そして妻や子供など家族構成員の監督、さらには外の世界との対応など「家」に関わるすべての物事と人事的事柄に及ぶ。その形容詞形名詞（男性形）の「オイコノミコス」は、そのような意味での「オイコノミアー」に関わる人やものごとのいずれについても用いられうる言葉である。そこで本書の表題については従来二つの解釈が行なわれていて、一つには「家政を司る人」の意とする立場（たとえば Waterfield）と、隠れた名詞として「論（ロゴス）」を補って「家政についての論」の意とする立場（たとえば E. C. Marchant, S. Pomery）とに分かれている。同じ著者の『小品集』所収の『騎兵隊長について（Ἱππαρχικός）』『馬術について（Ἱππικός）』『狩猟について（Κυνηγετικός）』『ヒエロン、または僭主的な人（Τυραννικός）』の場合にも、同様の曖昧さがつきまとっていて（邦題は本叢書中の『小品集』による）、いずれとするか決め手には欠けるが、「ロゴス」を補うほうを採ることにした。なお「家政を司る人」を意味する語としては別の「オイコノモス（Οἰκόνομος）」が用いられていることも注意されてよかろうか（第一章二）。もっとも、この時代には著者自身が表題を付すことは稀で、それはむしろクセノポンより後の前四世紀末にアレクサンドリアなどに設立された図書館における著作収集時に（司書官の手で）組織的に行なわれるようになったことである。

また邦語の問題として付言すれば、「家政」は日本でも江戸時代まではほぼ上述したような広義に亘る語として用いられていたが、明治以降においてはもっぱら家庭内における衣食住に関わる家事作業そのものやその管理の意味に縮小化されたので、「家」を「管理差配する」という原義を強調するために、やや不自然

（1）『ギリシア哲学者列伝』第二巻四七。

な用語ではあるが、『家政管理論』とすることにした。

ちなみに、元来「家政」の意味するものから近代以降にすり抜けていったもの、すなわち「家」からより公共的な場へと移されていったものの多くを担う仕方で、「オイコノミアー」がtransliterateされた「エコノミー（英economy, 仏économie, 独Ökonomieなど）」が自立領域化され、「経済（学）」となっていく。

＊

この著作は、大きく二つの部分に分かたれている。前半（第五章一一まで）は「家政管理とは何か」について、そしてそこから派生してくるさまざまな事柄について、ソクラテスとクリトブウロスのあいだで交わされる対話であり、後半のより長い部分（第五章一二から末尾まで）はソクラテスとアテナイの善良な上流市民の典型とも言うべきイスコマコスとの対話に切り替えられ、クリトブウロスは沈黙して聞き手にまわる。ここでは、ちょうど前半で論じられた事柄を逐一なぞり直すようにして、各論点をいかに実際的行動において実現していくかが、きわめて具体的、実践的に語られる。これら二つの部分は一見したところ別々の対話を接合しただけのようにも思われるが、両者は相補的な二層構造をなしつつ対応し合い、実際にはきわめてよく構成された一体的議論となっているのである。前半部が終わったところでその総括が行なわれ（第六章一―一二）、それまでの議論の要点が取りまとめられていることで、前半部と後半部の相関はいっそう際立たせられている（ただし、イスコマコスの説くところにソクラテスがさらなる考察を深めたい意向を滲ませている点は少なからずあり、彼がしばしばアイロニカルな留保を示していることには注意が必要である）。

とはいえ、この著作の全体が当初からの一貫したプランに従って連続的に書き上げられたものとは考えがたいのも事実である。

その理由の一つは、前半部がそれとしてコンパクトな纏まりを持っていることで、ソクラテスと青年クリトブウロスの対話を通じて、「家政とは何か」の規定が試みられ、それに伴って家政の司るべき「家」や「財産」とは何か、家政管理（などの技術）は学ぶことができるかなどが論じられたのちに、農業の称賛へと展開されていく議論の全体は、そのまま『ソクラテス言行録（思い出）』の任意の一章として組み込まれていたとしても、何らの違和感も生じさせないような内容とスタイルになっていることにある。冒頭すぐに気づかれるように「あるときソクラテスが家政管理について話し合っているのをも（わたし＝クセノポンは）聞いた[1]」という導入の一文は、『ソクラテス言行録』に集められたソクラテス対話に反復されている常套句に即したものである。もともと『ソクラテス言行録』は、「弁明」的性格が顕著な第一巻や第四巻末尾を別にすれば、各章がそれぞれに「あるときソクラテスが（誰かと何かについて）話し合っているのを聞いた」とされるものの memoir であって、それらは明らかにクセノポンが長期に亘って、彼自身の「思い出」や知人た

（1）冒頭章句は *Ἤκουσα δέ ποτε αὐτοῦ καὶ περὶ οἰκονομίας κτλ.* で、ここでの *δέ* および *καί* や、ソクラテスを代名詞（*αὐτοῦ*）で言い表わしていることが何らかの前承的な書き方になっていることも、『ソクラテス言行録』との一体性を強く示唆している。そもそも古来本書は全体がそれと一体的な著作だったと見なされてきた経緯もある。

ちからの伝聞を寄せ集めて一書に編んだもの（むろん著者による「脚色」は多々混入していようが）であってみれば、『家政管理論』の前半部におけるクリトブウロスとの対話がそれらから区別される理由はどこにもないと言ってよかろう。

それに対して、本書の主要部と言うべき後半は、大きく様相を異にして、かつて行なわれたイスコマコスとの対話をソクラテスがクリトブウロス（たち）に語り聞かせるというかたちが取られ、しかもそこでは、先に前半で論じられた家政をめぐる諸問題についての実際的対処と心構えを具体的に相手に語らせ、さらに農耕の技術について手ほどきを受けることが議論の内容をなしている。対話の主役と吟味役を退き、もっぱら相手の話に一方的に耳を傾け、あるいは不慣れな話柄に戸惑いを見せるソクラテスは、クセノポンにおいてもまったく異例の相貌である。たしかにここでも議論は家政や農耕についての実践的要領のみに終始せず、たえず日常生活における「徳」の重要さや、実践を介してすぐれた国政能力や戦場における有能さを眼目とする「徳」の涵養が説かれはするが、そうした表明もまた、《立派ですぐれた人（カロス・カーガトス）》を自認し、上層市民としての理想を体現した人物とされるイスコマコスの言葉として、ソクラテスは取り次いでいるだけである（家政管理や農業の道徳的意義や役割について、彼が補強・強調する発言をしている場合も多いが）。

こうした諸点を勘案するとき、やはり本書は比較的早い時期に書かれた前半部（それは当初はおそらく『ソクラテス言行録』の一章をなすべきものであっただろう）に付け加えるかたちで、後年に至ってから後半部があらためて構想され、そこでは著者のスキルウス定住後における実践と信念に裏付けられた、すぐれた市民としての生のあり方がイスコマコスに仮託して表明されたものと見るべきではないだろうか。(1) この人物が語る日常的な行動、大きな権限を有する家長としての妻や家族に対する監督と教育、奴隷や召使いに対する信賞必罰的な処遇は、むろん当時の法的規範と制度の枠を一歩も出るものではないが、同時にその規範と制度の枠内においては異例とも言える寛大な人間愛の精神に則った判断と態度が示されている。そこに描かれた《理想》は、自らに対する厳しい自己陶冶とともに、生活に根ざした「哲学」の実践として、最も善と正義に適ったあり方と目されるべきものであり、いわばクセノポンが生涯を通じてソクラテスからの学びに答えようとした最終答案であったと言っていいのではないか。

先に触れたように、イスコマコスとの対話においては、ソクラテスは聞き手としての脇役を務めるのだが、この手法はクセノポンのSocraticaにおいてはただ一度だけのものである。もしも（その公算は高いが）イスコマコスが基本的に著者を代理する人物であったとすれば、Marchantが言うように「われわれは、なぜ彼が『家政管理論』をソクラテス対話篇ではなくて率直に論考のかたちで作成しなかったのか不思議に思うだろう[2]」。事実、『小品集』に纏められている作品群は、『馬術について』や『狩猟について』のような場合にも、著者自身の見解を表明する一般的な論考として書かれているのである。

しかし、おそらくは、クセノポンにとって本作品は家政管理や農耕そのものについての著作であるととも

（1）むろんこの執筆年代、執筆過程はあくまで一つの推測にすぎない。また多くの場合、クセノポンは終生に亘って自著に加筆修正を重ねていたと思われ、そのこともこの問題を不透明にしている。

（2）Marchant [Loeb], p. xxiv.

に、むしろそれを通じて涵養されるべき人間形成と倫理道徳の書だったのであり、その意味ではソクラテス的な主題圏に位置づけられるべきものだったのであろう。ただし、日常生活の細部について語らせるにはソクラテスは適任ではなかった。その難点をカバーするための手法として、彼の実像からかけ離れすぎた発言やあまりに疎遠な事柄についての議論をあえてソクラテス対話篇に組み入れることでは、おそらくプラトンの対話篇におけるソクラテスの役割の変遷を参照し、それを借用したのではないだろうか。明らかにクセノポンが読んでいたプラトンの『饗宴（酒宴）』にも、すでに、ソクラテスがディオティマという女性から美のイデアについての奥義を伝授された次第を、その場にいる人たちに語り伝えるという手法が取られていたし、さらに後期の対話篇においては、エレアの哲学者パルメニデスがソクラテスのイデア論に批判を加え、存在の「一」と「多」をめぐるパラドクスを展開している（『パルメニデス』）。より後期の著作では、対話の主役の座をエレアからの客人（『ソピステス』『政治家（ポリティコス）』）、ティマイオス（『ティマイオス』）、クリティアス（『クリティアス』）らに明け渡して、自らは聞き手に終始してしまう。クセノポン『家政管理論』のイスコマコスも、著作の主題と内容に合わせて導入された恰好の対話主導者として、まさにこれらの登場人物たちと同じ役割を担っていると見ることができよう。

＊

この作品の設定年代（dramatic date）は、はっきりとは特定しがたい。ソクラテスとクリトブウロスとの対話については、もしソクラテスによって言及されている（第四章一八）小キュロスの敗死という歴史的事実（前四〇一年）をそのまま受け止めるならば、対話はそれ以降ソクラテスの死（前三九九年）に至るまでの二年間のいずれかの時期ということになる。しかし、ここに登場しているクリトブウロスは、すでに結婚しているとはいえ（第三章一三参照）、いまだ少年愛に執心し（第二章七）、何よりもソクラテスの親しい「仲間」として教導されているところからすれば、明らかになお青年と呼んでいい年齢にある。彼は前四二二年に結婚していて（『酒宴』第二章三参照）、クリトンの生年も考慮すれば、生まれたのは前四四五年前後と考えられるから、その二〇歳台後半から三〇歳台前半を当てるとすると、前四二〇年頃から四一〇年頃となる。また対話の内容と雰囲気からすれば、ペロポネソス戦時にあっても比較的平穏な時期であろうから、前四二一年に締結されたニキアスの和約による一時的休戦からあまり経過していない頃でなければなるまい。この場合、上記の明瞭な史実とは相容れないのはたしかである。しかし時代的錯誤は前者の年代設定を取ったとしても避けられない。たとえば、ソクラテスは、妻の教育ということについて、はじめアスパシアから教えを受けるよう推挙しているが（第三章一四）、彼女が前四〇一年よりかなり前に没していることは明らかである。後半のイスコマコスとの対話時期はさらに不明瞭だが（むろんクリトブウロスとの対話に先行する）、アッテ

（1）父のクリトンがソクラテスと同年の前四七〇年頃の生まれであるから、二人とも二五歳以下で結婚した（当時としてはきわめて早婚）と考えられる。

（2）たとえば、第一章六には「もし戦争でも起ころうものなら」と言われている。

ィカで落ち着いて安定した農耕が営める時期を考えると、さらに大きく遡ってペロポネソス戦争開始以前、その地の田野がいまだスパルタ軍によって荒廃させられる以前を想定しなければなるまい。そもそもクセノポンがこの対話について特定の時期を念頭に置いていたかどうかが疑わしいが、イスコマコスの人物像や論じられている農耕生活には、著者自身のスキルウスでの経験が反映されていたとしても、同時にむしろ「古きよき時代」のアッティカへの追懐の念が投影されているものと思われる。

本書は、ソクラテスやイスコマコスの語る思想内容とともに、あるいはそれ以上に、その記述の細部は、この時代の（上流階層の）細部に亘る生活誌として類のない貴重な記録でもあり、それを瞥見できることもまた、それ自体として、大きな魅力である。

三、『酒宴』について

従来（とくにプラトンの同名作品とともに）『饗宴』の名で親炙されてきたものだが、この表題もあえて『酒宴』に改めてみた。『饗宴』には盛大豪華な宴会のイメージがつきまとうが、古代ギリシアのシュンポシオン（συμπόσιον）の多くは、プラトンやクセノポンのそれも含めて、親しい（男性の）友人たちが会を催した折に、食事を済ませたのち、あらためて余興や談論を交えながら酒を酌み交わす場であってみれば、文字どおり「一緒に集まって（συν-）」「酒を飲む（-πόσιον）」こととして「酒宴」が相応しいように思われるからである。

本作品に描かれている酒宴には、当時のアテナイにおけるそれの典型的な様子が示されており、むしろわれわれがそれを知るための最良の資料となっている。この他には、ややハイ・ブラウだがプラトン『饗宴（酒宴）』、喜劇的に猥雑化されたアリストパネス『蜂』（一二〇八―一二六四）がとりわけ参照されよう。

＊

クセノポンが舞台にとったのは前四二二年の夏、四年に一度の大パンアテナイア祭の宵に、アテナイの港ペイライエウスにあるカリアスの別邸で開かれた酒宴である。当時彼が愛を寄せていた少年アウトリュコスが、祭典行事の一つとして開催されたパンクラティオンの競技大会で優勝したのを祝ってのものであった(1)。たまたま隣接するパレロンへ騎馬競走を見物に来ていたソクラテスたちも誘われてにわかに宴会に参加することになる。メイン・ゲストは併せて八人、その顔ぶれは、主人役のカリアスも含めて年齢順に並べると次のとおりである（他に道化のピリッポスが中途から加わる。また冒頭に著者クセノポンもその席に「居合わせた」と記されているが、それはむろん常套的なフィクションである(2)）。

（1）喜劇詩人エウポリスが前四二一年上演の作品『追従者たち』およびその翌年上演の『アウトリュコス』で、この少年とカリアスの関係をあげつらっていることが残存断片によって知られ、それが年代比定の手がかりとなっている（アテナイオス『食卓の賢人たち』第五巻二一六dおよび二一八b―c参照）。

（2）この酒宴が開かれたのが前四二一年とすれば、当時クセノポンはいまだ小児の年齢にある。

ソクラテス　前四七〇年頃生まれでこの酒宴の当時四七歳くらい。青年たちとの「お喋り」を日課のようにしていた彼の哲学的活動はすでによく知られていたであろうが、この祝宴の前年に上演されたアリストパネス喜劇『雲』では、「思案所」に弟子を集めて、天上地下のことを探索し弱論強弁の術を伝授するソフィスト紛いの人物として戯画化されている（第六章八―九参照）。

リュコン　アウトリュコス（後述）の父親。このとき少年がほぼ一六歳だったとすれば、その父は四〇歳台後半ないし五〇歳台前半と推測され、おおむねソクラテスと同年齢ということになる。相応の有産階層に属し、また作品中に「著名人」だと言われているが（第八章七）、エウポリスの喜劇『アウトリュコス』（前四二〇年上演）で悪口を浴びせられている他にはとくに知られることはない。ソクラテス裁判における訴人の一人が同名人物だが、むろん別人と考えるべきである。

アンティステネス　哲学上ソクラテスの主要な弟子の一人でキュニコス派の祖ともされるが、一次資料に乏しく、彼についてはっきり分かることは少ない。前四五五年頃（あるいはそれよりやや以前）に生まれ三六〇年頃に没したと考えられ、この酒宴の当時三〇歳台半ば。快楽を否定し幸福は徳に基づくとする基本思想は本篇にも反映されている。数篇の「ソクラテス対話篇」を書いたが、伝存するものはない。

カリアス　同名の祖父カリアス、父ヒッポニコスの二代に亘る、アテナイ最大の富豪の家系に属し、贅の限りを尽くした生活を送る。また当時人気を博していたソフィストたちの大パトロンでもあって、彼らを歓待した様子はプラトン『プロタゴラス』からもよく知られる。前四五五ないし四五〇年頃の生まれと推定され、この酒宴のときは三〇歳前後であろうが、なおアウトリュコスとの少年愛に熱中している。この宴席ではソクラテスは彼の為人《ひととなり》を称賛し将来を嘱望していて、(1) たしかに前四世紀前半におけるアテナイの軍事や外交で相応の活躍もしたが、婚姻をめぐるスキャンダルを引き起こしたこともあり（『家政管理論』四三頁註（1）参照）、また継承した遺産も晩年には遣い尽くしてしまったと言われる。没年は前三七〇年頃。

ヘルモゲネス　前項カリアスの異母兄弟だが、富豪だった父親ヒッポニコスの遺産分与にまったく与っていないことから、彼の私生児だったと考えられる。生没年は不詳だが、異母兄弟のカリアスに近いものとすれば、やはり前四五〇年の前後数年に生まれたと推定される。熱心なソクラテス信奉者の一人で、のちに彼の死にも立ち会っている。またプラトン『クラテュロス』の主要対話者の一人である。クセノポンとはとくに親密であったようで、彼がアテナイに不在だったときのソクラテス裁判と刑死についても、この人物から伝え聞いている（『ソクラテスの弁明』参照）。もし本篇の酒宴が実際に行なわれたのであったとしたら、その模様の主たる情報源もやはり彼だったであろう。

カルミデス　プラトンの母方の伯父にあたり、前四三〇年頃に美少年としてもて囃されていた（プラトン『カルミデス』参照）ことから、前四五〇年より少しのちに生まれたと考えられる。本篇では、零落して貧困の身の上を「自慢」しているが（第四章二九）、実際にそのような境遇に陥ったのは前四一五年のシケリア遠

---

(1) ただし、実際にはソクラテスは、ヘルモゲネスが言うように「カリアスさんを喜ばせながら、同時に彼はどのような者であるべきかを教えている」に他ならないのだが（第八章一二）。

征直前に起きたヘルメス像損壊事件に連座してのことと考えられるので、ここには時代錯誤が疑われるが、あるいはすでにペロポネソス戦争初期のスパルタ軍侵攻によって所有地の多くを失っていたのかもしれない。のちにペロポネソス戦争終結直後、従兄弟のクリティアスとともに三十人独裁政権を樹立し、民主派との抗争の中で敗死した。

クリトブウロス　『家政管理論』の「解説」でも触れたように（二三五頁）、前四四五年頃の生まれで、この酒宴当時は二〇歳台半ばと考えられる。ソクラテスと同年（前四七〇年頃）に生まれ、彼の終生の友だったクリトンの息子の一人。富裕な家系に属し美青年を自認していた。クセノポンのソクラテス関係著作ではクリトンがソクラテスに彼の教育を託したことで、当時のアテナイの若者の典型として登場場面が多い（とくに『家政管理論』および『ソクラテス言行録』第一巻第三章八参照）。

ニケラトス　父はアテナイ軍のシケリア島遠征で前四一三年に悲惨な最期を遂げた著名な将軍ニキアス（前四七〇頃―四一三年）。一族は銀鉱山経営などで大きな資産を有していた。この酒宴のときにはすでに既婚者だったが（第二章三）、いまだ二〇歳台はじめだったと思われる。父の代から民主派の有力者であったことから、アテナイ敗戦後の前四〇四年に樹立された三十人独裁政権によって捕縛処刑された。

アウトリュコス　リュコン（前述）の息子で、当時カリアスが愛していた美少年（パイディカ）。この酒宴時の大パンアテナイア祭で開催されたパンクラティオン競技の少年の部で優勝したところなので、当時一六、七歳であろう。のちの有名な出来事として、前四〇四年のアテナイ敗戦後に進駐したスパルタ勢の長官カリビオスと諍いを起こし、それに起因して、おそらく親スパルタ派のアテナイ人と思われる何者かによって殺害された（プルタルコス『リュサンドロス伝』一五）。

はたして著者が意図したことかどうかは分からないが、この酒宴には五〇歳に近いソクラテス以下、少年のアウトリュコスまで、各年齢層の人たちが均等に割り振られていることに気づかれよう。また富める者たちと貧しい者たち、哲学的探究に取り組んでいる者たちとむしろ財産や社会的地位と名声のために哲学を人生訓（倫理道徳）として尊重する者たちといった対照性によって多彩な発言が導かれ、世代を越えた自由な議論のやりとりが、終始明るい雰囲気の中で展開されている。彼らのうちにはのちに暗い運命を迎えることになる者も多く、当時の読者にはそのことがおのずから思い浮かんだであろうが、作品にはその予兆はまったく窺えない。

＊

宴会は、はじめシケリアから来た芸能団の演技を見物しながら、踊り手たちに批評や喝采を送ったり、ソクラテスまでが踊りを習おうと言い出したりして、軽い話柄や冗談ばかりがつづくが、やがてソクラテスが芸能の少年少女たちを休憩させてやろうと気遣いし、代わって自分たちで談論を交わし「お互いに何か益になることをし合ったり楽しませ合ったりする」ことを提案する（第三章）。そして参会者各自が最も自慢するに足るものを披露し合い、さらにそれについて理由を述べ、相互に批評し合うことになる（第四章）。先に著作冒頭でクセノポンは「ところで、《立派ですぐれた人たち》のすることとは、本気で取り組んでなされているときのことだけでなく、娯楽に時を過ごしているときのこともまた記録にとどめておくに値するとわたしには思われる」と記していたが、ここで著者が「記録にとどめておくに値する」と考えているのは、彼らの宴会中のふるまいや気の利いた会話のやりとりのことでもあろうが、眼目はむしろその間に挟まれた「何か益になる」議論を聞き逃さないようにすることにありそうにも思われる。各人が自慢するに足るものとして挙げるのは、「正義（をもたらすはずの富）」（カリアス）、「（伝統的）教養」（ニケラトス）、「容姿の美しさ」（クリトブウロス）、「心の富（欲望への克己心）」（アンティステネス）、「貧困（による自由）」（カルミデス）、「人を取り持つ技術」（ソクラテス）、「善き友との関係（神々への帰依と敬虔）」（ヘルモゲネス）など、それぞれの生き方に見合った仕方で自他を裨益する「善きもの」であるが、その多くに対して異議が唱えられ、アンティステネスとヘルモゲネス、そしてソクラテスの奇妙な「自慢」だけが是認される。むろんその吟味は哲学的な「探究」とは程遠いものでしかないが、こうした平明な談論の次元にクセノポンはプラトンとは違った仕方で哲学を見いだし、プラトンとは違った仕方でソクラテスの魅力を見いだしているのであろう。

次いで、ソクラテスとクリトブウロスが容姿の美を競う座興などを挟んで、談論の第二の話題としてソクラテスは「われわれは全員がこの神（エロース）の信奉者であってみれば」と言いつつ、恋と愛への称賛とその正しいあり方を取り上げる（第八章）。しかもここでは、あたかもプラトン『饗宴（酒宴）』におけるソクラテス演説の向こうを張るように、長広舌を振るってみせる。もっとも、このカリアス邸でのエロース論は、美の階梯を次々に上って遂には美の大海原と美のイデアに到達するアガトンの宴席でのものとはむしろ対照的に、あくまでも地上での恋のありようであり、その内容も、身体による結びつきではなく魂による結びつきによってこそ、（その愛はより深くより永続的であるとともに）愛する者と愛される者とが互いに有益な影響を与え合い、善き生き方を実現しうるのだという、きわめてまっとうな議論に終始する。ここでもクセノポンは現実世界を生きる人びとを視野に入れ、自由市民としての「カロカーガティアー（立派ですぐれたあり方）」に焦点が合わされている。むろんクセノポンとプラトンの両者による二つの酒宴におけるソクラテスの二つのエロース論は、けっしてあれかこれかということではなく、それぞれの場でそれぞれの相手と話の流れに相応しい応答を交わすことで語られたものであり、まさに彼の自慢とする「人の取り持ち」の巧みさを発揮して、同じく人びとを「善き生」へと誘《いざな》うものであると言うことができるであろう。

*

ともに多数の Socratica を著わしそれが纏まって今日まで伝存するクセノポンとプラトンであってみれば、両者がさまざまな仕方で比較的に論じられるのは当然のことであろう。しかも目下の作品は（『ソクラテスの弁明』とともに）同じタイトルで伝わり、多くの点で合い似た要素を含みつつ、それぞれに別個の作品世界を作り上げているだけに、少なくともこの場合には双方がまったく無関係に書かれたとは考えにくいが、その影響関係、作品成立の先後関係について明確な答えを出すことはやはり難しいと言わざるをえないであろう。

一般的な趨勢としては、半ばは作品の出来映えと充実度をそのまま判断基準にするようにして、プラトンの『饗宴（酒宴）』が先行し、それを読んで刺激されたクセノポンが、類似の設定によってこの『酒宴』を著わしたと考えられている。前者が書かれたのはほぼ前三八〇年代の半ば（遅くとも七〇年代はじめ）と推定されるが、その頃クセノポンはようやくスパルタの庇護の下、スキルウスの地に安定した生活を得たところである。むろんすでに執筆活動は開始されていたであろうし、ソクラテス関連の作品の中では、あるいはそれに先立つ時期から『ソクラテスの弁明』や『ソクラテス言行録』の各部分が少しずつ書き継がれていったことはありうるとしても、この『酒宴』のように一貫した構成と「ストーリー」を持った、そして明らかに創作性の顕著な作品が、さらにこの時期以前に（遅くとも前三八〇年頃までに）纏まったかたちで発表されたとするのは、かなり無理のある想定に思われよう。[1] この点からしても、やはりクセノポンの『酒宴』はプラトンのものに遅れて書かれたと考えるほうが自然である。

しかし Thesleff[2] はそれに異議を唱えてクセノポン先行説を強力に主張する。より正確に言えば、クセノポンがその主要部（実質的には第七章までと第九章）を公刊したところで、プラトンはそのディテールを逐一踏襲してより洗練されより生彩あるものに書き替えながら、自らの『饗宴』という至高の作品に仕立て上げたのだという（Thesleff はプラトンのほうが彫琢・洗練されているから後だとする）。そして彼はさらに推測を進めて、次いでプラトンの作品におけるソクラテスの壮大なエロース論に強い感銘を受けたクセノポンが、そのあとある時期に、逆に自著の終わりにそれに対応する別様のエロース論（第八章）を付け加えて最終形ができあがった、と考える。

なるほどこの説は、Bowen（八―九頁）もHenderson（五六〇頁）も全面的に賛意を表しているように、両著の細部における多数の類似点の存在、クセノポン『酒宴』第八章について指摘される収まりの悪さなどをうまく説明するものになっているとも言える。またそれに従えば、プラトンを基準とすることによって、著作年代の比定に対しても明確な示唆が得られることになる。とはいえ、むろん両著作には基本的な相違点も多く、むしろ宴席における楽しいお喋りという共通の場面設定の中でのあれこれの類似的要素は、共通に知りえた事実や逆の影響関係によっても十分説明可能な場合もあろうし、またクセノポン第八章の問題についても、必ずしも不整合と見るべきではなく、当初からの一貫した構成（あるいはその破綻）として読むこともでき、一方的な影響関係だけに帰着させるべきものでもないであろう。

ともあれ、プラトンについては言うまでもなく、クセノポンの『酒宴』もまたきわめて魅力あるすぐれた作品であり（多くの人が認めるように、少なくとも彼のSocraticaの中では突出した出来栄えを示している）、先ずはいずれもそれぞれに独自の古典的遺産として享受するに足りよう。

（1）さらに付言すれば、クセノポンの場合、個々の著作が明確にある時点で「公刊」されたと言うよりも、むしろ親しい仲間内での朗読とかサーキュレイトのかたちで行なわれながら、さらに加筆や改訂が繰り返し加えられていったとも考えられる。その意味でも、著作時期の特定は複雑な問題であるし、クセノポンの著作が発表から遠からぬ時期にプラトンの目に触れた公算もさほど大きくはないであろう。

（2）Thesleff, H., "The Interrelation and Date of the *Symposia* of Plato and Xenophon", *Bulletin of the Institute of Classical Studies* 25 (1978), pp. 157–170.

四、『ソクラテスの弁明』について

『酒宴』と同じく、よりよく知られたプラトンのものと同じタイトルの著作である。のみならず、クセノポン自身も記しているように「このことについてはすでに他の人たちも書き記して」いた（一節）。ソクラテス裁判と死は彼にまつわる最大の事件であったから、それが当時の「ソクラテス文学」における最重要テーマとされたのは当然のことであろう。わずかな断片を別にして、その中で今日にまで伝わっているのはこの二人の著作だけであるが、両者の描いたソクラテス像が大きく異なるように、二つの『ソクラテスの弁明』もまた別様のソクラテス裁判を伝えている。

クセノポンは、ソクラテス裁判のあった時期、すでにアテナイを離れていて、再びその地に、たとえ一時的にであれ戻ったのは数十年後のことであったから、事件についての情報・知識はすべて人づてに聞くか、あるいは他の人たちによって書かれたものによるほかなかった。とはいえ、熱烈なソクラテスの徒として彼が、大きな衝撃と悲しみと憤りの中で、その経緯と真相を詳らかにしようとして、そしてソクラテスの死の意味を解明しようとして、できうるかぎりの努力を傾けたことは、この小篇のやや慌ただしい筆致からも伝わってくる。執筆の時期を特定する確たる手がかりはないが、すでに「他の人たちも書き記した」あとで、そこには当然プラトンによる『ソクラテスの弁明』も含まれていたと考えれば、クセノポンのそれはソクラテスの死より一〇年以上後の、前三八〇年代に入ってからと見るべきであろう。クセノポンがスキルウスに落ち着いたのがちょうどその時期であるから、（他の著作も含めて）メモ的なものの書き溜めはそれ以前から始められていたにせよ、著作としての纏まりがつけられたのはその頃からとするのは妥当な見解であろう[1]。また、彼のソクラテス関係著作の中では、これが最初のものと位置づけることにも問題はあるまい。

なお、ポリュクラテスによる『ソクラテスの告発』が書かれたのは前三九〇年以前で、プラトン『ソクラテスの弁明』と相前後するものと考えられ、明らかに本篇に先行するが、この時点でのクセノポンはまだそれを読んでいなかったようである。彼は『ソクラテス言行録（思い出）』の第一巻ではあらためてその文書を取り上げ、ほとんど逐条的にポリュクラテスのソクラテス批判に対処していて、その際、『ソクラテスの弁明』の記述（二一―二二）を敷衍しながら用いているし（第二章一―二二）、また第四巻第八章には『ソクラテスの弁明』におけるヘルモゲネスからの伝聞がほぼそのままのかたちで見いだされる。この重複収載は、クセノポンにとって、それがきわめて重要視するに足る記録であることを強く示唆している。

*

今日に伝わる二つの『ソクラテスの弁明』を比較するとき、プラトンのほうが量的にも遥かに長く、圧倒

（1）Macleod（pp. 15-16）は本篇二九―三二にプラトン『メノン』におけるアニュトスの扱いへの反発を読み取り、クセノポンの『ソクラテスの弁明』執筆時期をそれの後（あるいは直後）、したがって前三八四年頃と推定している。

的に深い感銘を与えるものであることに異論の余地はあるまい。それは単に比類のない法廷弁論の再現というに留まらず、むしろそれを通じてソクラテスという最大の哲学者の真の姿を、さらに深く秘められた謎と魅力とともに、描き出した作品となっているのである。しかし、前三九九年に起こった衝撃的な出来事を伝えるドキュメントとしては、このクセノポンの小篇は、むしろ「事実」をあるがままに写し取っている側面もあるのではないか。彼がこの著作において「最早そのとき彼（ソクラテス）自身にとっては生よりもむしろ死のほうが望ましいという思いを持っていた」こと（一節）、しかもそれは「病気によって、あるいは厄介で楽しさなどまるでないありとあらゆることが押し寄せてくる老齢によって苦痛に苛まれながら死を迎える」ことを免れるためだった（八節）ということを殊更に力説しているのは、ソクラテスの死をいささか矮小化するものであることは否めないかもしれない[1]。しかし、そのためであるにせよ、少なくとも彼は、伝聞によりながらも、他の人たち以上に正確な事実を「記録にとどめておく」（一節）ことを強く意識していたのはたしかである[2]。他方、プラトンがソクラテスによって実際に法廷で語られた弁論を忠実に再現しているのではないことは言うまでもない。プラトンは、むしろ「記録」を越えて、ソクラテスの言わんとしたこと、ソクラテスの発言の意味していたものを深く掘り下げ、いわばソクラテス裁判と彼の死に込められた「真実」を実際の法廷弁論に即してわれわれに伝えようとしているのである。

もっとも、それをクセノポンと対応づけて見るとき、出来事としては、むしろ両者が共通して書き記している点が少なくない。彼の「記録」にとどめられた事柄、すなわちソクラテスの弁論が「大言壮語（メガレーゴリアー）」のトーンで一貫していたこと、カイレポンによる神託伺いのこと、メレトスとの一対一の応答で「国家の認める神々を信奉せず、他の新奇な神霊的存在を導き入れ、また若者たちを堕落せしめている」とする二点の罪状をそれぞれ一蹴したこと、有罪確定後に量刑の対案でいっそう裁判員たちを激高させたこと、裁判終了後に親しい者たちに向けてさらに自らの信念を語ったことなど、いずれも大筋でプラトンの記述と一致している。これについて、多くの研究者たちは軌を一にして、クセノポンがプラトンの著作に依拠した結果だと見なしている。しかし、その一致はいずれもが裁判経過を実際のままに伝えていると考える余地もあるのではないか。もしそうだとすれば、そのことは、逆にプラトンもまたその結構において「事実」を大きく離れているわけではないことを証しており、クセノポンの報告はあたかもそれを裏書き、あるいは傍証するものになっていると見なすこともできるのではないだろうか。また、法廷ではソクラテスだけでなく、「彼を支持して発言した知友たちによって」も多くのことが述べられたという事実（おそらく事実であろう）などは、ただクセノポンだけから確認されうることである。

（1）ただしそのあとに「わたしが神々や人間たちから授かった立派なものと考えるかぎりのものを、そしてわたしがわたし自身について思うところのことをはっきり表明することで、裁判員たちの不興を買うというのであれば、わたしは、自由人らしからぬ態度でなおも命乞いをして死に代えてそれよりもずっと悪しき生を手に入れることよりも、生を終えることのほうを選び取るだろう」というソクラテスの言葉を伝えている（九節）ことも見過ごしてはなるまい。

（2）クセノポンが「事実」の「記録」を重視したことは、『ソクラテス言行録』冒頭（第一巻第一章一）において原告から提出された告発状（宣誓口述書）をほぼ原文どおりに伝えていることにも窺われる。

とはいえ、個々の場面におけるソクラテスの発言内容については、クセノポンの報告がより実際に即しているると考えることは、やはり難しい。たとえば、デルポイの神託伺いにおいて降された神託の内容（一四節）[1]や、それに関連してソクラテスがスパルタのリュクウルゴスに言及していること（一五節）などは、クセノポンによる脚色の疑いが濃厚である。のちの『ソクラテス言行録』ではそれらの箇所はともに再言及されていない。

五、参照文献（邦訳の底本については「凡例」を見られたい）

Bartlett, R. C., *Xenophon: The Shorter Socratic Writings: Apology of Socrates to the Jury, Oeconomicus, and Symposium*, Ithaca, 1996

Benjamin, A. S., *Xenophon: Recollections of Socrates and Socrates' Defense before the Jury*, Indianapolis, 1965

Breitenbach, L., *Xenophontis Oeconomicus*［Teubner］, Gotha, 1861

Breitenbach, H. R., "Xenophon von Athen": In: *Pauly's Realencyclopädie der classischen Altertumswissenschaft*［*RE*］, Stuttgart, 1966

Chantraine, P., *Xénophon: Economique*［Budé］, Paris, 1949

Delebecque, É., *Essai sur la vie de Xénophon*, Paris, 1957

Guthrie, W. K. C., *A History of Greek Philosophy* vol. III 2: Socrates, Cambridge, 1969

Holden, H. A., *The Oeconomicus of Xenophon*, London/ New York, 1889

Marchant, E. C., *Xenophon: Memorabilia and Oeconomicus* [Loeb], New York and London, 1923

Morrison, D. R., *Bibliography of Editions, Translations, and Commentary on Xenophon's Socratic Writings, 1600-Present*, London, 1988

Ollier, F., *Xénophon: Banquet, Apologie de Socrate* [Budé], Paris, 1961

Strauss, L., *Xenophon's Socratic Discourses* (with trans. of the *Oeconomicus* by Carnes Lord), Ithaca, New York and London, 1970

（1）カイレポンによるデルポイの神託伺いのことは二つの「弁明」で共通して述べられているが、そのときソクラテスに降された神託の内容は、両者で大きな違いがある。プラトンによれば、「誰かわたし（ソクラテス）以上の知者はいるか」と問うたのに対して巫女から返ってきた答えは「（ソクラテス）以上の知者は誰もいない」というものだった（『ソクラテスの弁明』二一D）。それに対してクセノポンのソクラテスによれば（一四節）、アポロンが降したのは「人間のうちで誰一人としてわたし（ソクラテス）よりも自由人らしい者も、正しい者も、分別のある者もいない」という神託だったとのことである。デルポイの神託には二つの伺い方があって、一つは国家公共的な事案などに関わるもので、その場合には確たる手順を踏んで請願し、神憑りになった巫女の発する声によらなければならないが、それとは別に、権威は低いがより一般的でより簡便な方式として、訊ねられた事柄に対して巫女が豆を用いた籤を引くことで「然り」か「否」かの答えのみを降すものがあった。カイレポンは後者によったのであろう（cf. Macleod, pp. 48-49）。とすれば、プラトンの伝える神託のほうがよりよくその形式に合致しそうである。ただし、この神託伺いそのものがプラトン（そしてクセノポン）によるフィクションである公算は大きいと言わなければなるまい。

Idem, *Xenophon's Socrates*, New York, 1972
Thalheim, Th. (ed.), *Xenophontis Scripta minora II* [Teubner], Leibzig, 1915
Tredennick, H. and Waterfield, R., *Xenophon: Conversations of Socrates* [Penguin], Hammondworth, 1990

越前谷悦子訳、クセノフォン『オイコノミコス――家政について』リーベル出版、二〇一〇年
田中秀央・山岡亮一訳、クセノポーン『家政論』生活社、一九四四年
船木英哲訳、クセノポン『ソクラテスの弁明・饗宴』文芸社、二〇〇六年
三嶋輝夫訳、クセノポン『ソクラテスの弁明』（三嶋輝夫・田中享英訳、プラトン『ソクラテスの弁明・クリトン』講談社学術文庫、一九九八年　所収）
村治能就訳、クセノフォン『饗宴』（『世界人生論全集（一）』筑摩書房、一九六三年　所収）

＊　＊

〔付　記〕当初のスケジュールから大幅に遅滞したが、ここにようやく『ソクラテス言行録2』の刊行に漕ぎ着けることができた。今回も京都大学学術出版会の國方栄二、和田利博の両氏からは大きな助けを得た。篤く感謝申し上げます。

『ソクラテスの弁明』

固有名詞索引

ローマ数字は言及される章を、アラビア数字は節を表わす。また、passim は同作品の全体にわたってしばしば言及されていることを示す。

『家政管理論』

『酒宴』

訳者略歴

内山勝利（うちやま　かつとし）

京都大学名誉教授

一九四二年　兵庫県生まれ

一九七五年　京都大学大学院文学研究科博士課程単位取得退学

関西大学教授、京都大学教授を経て二〇〇五年退職

主な著訳書

『ソクラテス以前哲学者断片集』（編訳、岩波書店）

『神と実在へのまなざし』新・哲学講義（岩波書店）

『哲学の初源へ――ギリシア思想論集』（世界思想社）

『対話という思想――プラトンの方法叙説』双書・現代の哲学（岩波書店）

『哲学の歴史』（編著、中央公論新社）

『ここにも神々はいます』哲学塾（岩波書店）

クセノポン『ソクラテス言行録　1』（京都大学学術出版会）

『プラトン「国家」――逆説のユートピア』書物誕生・あたらしい古典入門（岩波書店）

アリストテレス『自然学』（岩波書店）

『変貌するギリシア哲学』（岩波書店）

ソクラテス言行録《げんこうろく》　2　　西洋古典叢書　2020　第5回配本

二〇二二年七月三十日　初版第一刷発行

訳者　内《うち》山《やま》勝《かつ》利《とし》

発行者　足立芳宏

発行所　京都大学学術出版会

606-8315 京都市左京区吉田近衛町六九 京都大学吉田南構内

電話　〇七五-七六一-六一八二

ＦＡＸ　〇七五-七六一-六一九〇

http://www.kyoto-up.or.jp/

印刷／製本・亜細亜印刷株式会社

ISBN978-4-8140-0284-9

定価はカバーに表示してあります

2　岩谷　智訳　　4000 円
3　毛利　晶訳　　3100 円
4　毛利　晶訳　　3400 円
5　安井　萠訳　　2900 円
6　安井　萠訳　　3500 円
9　吉村忠典・小池和子訳　　3100 円

ギリシア詞華集（全４冊・完結）
1　沓掛良彦訳　4700円
2　沓掛良彦訳　4700円
3　沓掛良彦訳　5500円
4　沓掛良彦訳　4900円
ホメロス外典／叙事詩逸文集　中務哲郎訳　4200円

【ローマ古典篇】
アウルス・ゲッリウス　アッティカの夜（全２冊）
1　大西英文訳　4000円
アンミアヌス・マルケリヌス　ローマ帝政の歴史（全３冊）
1　山沢孝至訳　3800円
ウェルギリウス　アエネーイス　岡　道男・高橋宏幸訳　4900円
ウェルギリウス　牧歌／農耕詩　小川正廣訳　2800円
ウェレイユス・パテルクルス　ローマ世界の歴史　西田卓生・高橋宏幸訳　2800円
オウィディウス　悲しみの歌／黒海からの手紙　木村健治訳　3800円
オウィディウス　恋の技術／恋の病の治療／女の化粧法　木村健治訳　2900円
オウィディウス　変身物語（全２冊・完結）
1　高橋宏幸訳　3900円
2　高橋宏幸訳　3700円
カルキディウス　プラトン『ティマイオス』註解　土屋睦廣訳　4500円
クインティリアヌス　弁論家の教育（全５冊）
1　森谷宇一・戸高和弘・渡辺浩司・伊達立晶訳　2800円
2　森谷宇一・戸高和弘・渡辺浩司・伊達立晶訳　3500円
3　森谷宇一・戸高和弘・吉田俊一郎訳　3500円
4　森谷宇一・戸高和弘・伊達立晶・吉田俊一郎訳　3400円
クルティウス・ルフス　アレクサンドロス大王伝　谷栄一郎・上村健二訳　4200円
サルスティウス　カティリナ戦記／ユグルタ戦記　小川正廣訳　2800円
スパルティアヌス他　ローマ皇帝群像（全４冊・完結）
1　南川高志訳　3000円
2　桑山由文・井上文則・南川高志訳　3400円
3　桑山由文・井上文則訳　3500円
4　井上文則訳　3700円
セネカ　悲劇集（全２冊・完結）
1　小川正廣・高橋宏幸・大西英文・小林　標訳　3800円
2　岩崎　務・大西英文・宮城徳也・竹中康雄・木村健治訳　4000円
トログス／ユスティヌス抄録　地中海世界史　合阪　學訳　4000円
ヒュギヌス　神話伝説集　五之治昌比呂訳　4200円
プラウトゥス／テレンティウス　ローマ喜劇集（全５冊・完結）
1　木村健治・宮城徳也・五之治昌比呂・小川正廣・竹中康雄訳　4500円
2　山下太郎・岩谷　智・小川正廣・五之治昌比呂・岩崎　務訳　4200円
3　木村健治・岩谷　智・竹中康雄・山澤孝至訳　4700円
4　高橋宏幸・小林　標・上村健二・宮城徳也・藤谷道夫訳　4700円
5　木村健治・城江良和・谷栄一郎・高橋宏幸・上村健二・山下太郎訳　4900円
リウィウス　ローマ建国以来の歴史（全14冊）
1　岩谷　智訳　3100円

プラトン　エウテュデモス／クレイトポン　朴　一功訳　2800円
プラトン　エウテュプロン／ソクラテスの弁明／クリトン　朴　一功・西尾浩二訳　3000円
プラトン　饗宴／パイドン　朴　一功訳　4300円
プラトン　パイドロス　脇條靖弘訳　3100円
プラトン　ピレボス　山田道夫訳　3200円
プルタルコス　英雄伝（全6冊・完結）
1　柳沼重剛訳　3900円
2　柳沼重剛訳　3800円
3　柳沼重剛訳　3900円
4　城江良和訳　4600円
5　城江良和訳　5000円
6　城江良和訳　5000円
プルタルコス　モラリア（全14冊・完結）
1　瀬口昌久訳　3400円
2　瀬口昌久訳　3300円
3　松本仁助訳　3700円
4　伊藤照夫訳　3700円
5　丸橋　裕訳　3700円
6　戸塚七郎訳　3400円
7　田中龍山訳　3700円
8　松本仁助訳　4200円
9　伊藤照夫訳　3400円
10　伊藤照夫訳　2800円
11　三浦　要訳　2800円
12　三浦　要・中村　健・和田利博訳　3600円
13　戸塚七郎訳　3400円
14　戸塚七郎訳　3000円
プルタルコス／ヘラクレイトス　古代ホメロス論集　内田次信訳　3800円
プロコピオス　秘史　和田　廣訳　3400円
ヘシオドス　全作品　中務哲郎訳　4600円
ポリュビオス　歴史（全4冊・完結）
1　城江良和訳　3700円
2　城江良和訳　3900円
3　城江良和訳　4700円
4　城江良和訳　4300円
ポルピュリオス　ピタゴラス伝／マルケラへの手紙／ガウロス宛書簡　山田道夫訳　2800円
マルクス・アウレリウス　自省録　水地宗明訳　3200円
リバニオス　書簡集（全3冊）
1　田中　創訳　5000円
2　田中　創訳　5000円
リュシアス　弁論集　細井敦子・桜井万里子・安部素子訳　4200円
ルキアノス　全集（全8冊）
3　食客　丹下和彦訳　3400円
4　偽預言者アレクサンドロス　内田次信・戸高和弘・渡辺浩司訳　3500円
8　遊女たちの対話　内田次信・西井　奨訳　3300円
ロンギノス／ディオニュシオス　古代文芸論集　木曽明子・戸高和弘訳　4600円

クセノポン　ギリシア史（全２冊・完結）
1　根本英世訳　　2800円
2　根本英世訳　　3000円
クセノポン　小品集　松本仁助訳　　3200円
クセノポン　ソクラテス言行録（全２冊・完結）
1　内山勝利訳　　3200円
2　内山勝利訳　　3000円
クテシアス　ペルシア史／インド誌　　阿部拓児訳　　3600円
セクストス・エンペイリコス　学者たちへの論駁（全３冊・完結）
1　金山弥平・金山万里子訳　　3600円
2　金山弥平・金山万里子訳　　4400円
3　金山弥平・金山万里子訳　　4600円
セクストス・エンペイリコス　ピュロン主義哲学の概要　金山弥平・金山万里子訳　　3800円
ゼノン／クリュシッポス他　初期ストア派断片集（全５冊・完結）
1　中川純男訳　　3600円
2　水落健治・山口義久訳　　4800円
3　山口義久訳　　4200円
4　中川純男・山口義久訳　　3500円
5　中川純男・山口義久訳　　3500円
ディオニュシオス／デメトリオス　修辞学論集　木曽明子・戸高和弘・渡辺浩司訳　　4600円
ディオン・クリュソストモス　弁論集（全６冊）
1　王政論　内田次信訳　　3200円
2　トロイア陥落せず　内田次信訳　　3300円
テオグニス他　エレゲイア詩集　西村賀子訳　　3800円
テオクリトス　牧歌　古澤ゆう子訳　　3000円
テオプラストス　植物誌（全３冊）
1　小川洋子訳　　4700円
2　小川洋子訳　　5000円
デモステネス　弁論集（全７冊・完結）
1　加来彰俊・北嶋美雪・杉山晃太郎・田中美知太郎・北野雅弘訳　　5000円
2　木曽明子訳　　4500円
3　北嶋美雪・木曽明子・杉山晃太郎訳　　3600円
4　木曽明子・杉山晃太郎訳　　3600円
5　杉山晃太郎・木曽明子・葛西康徳・北野雅弘・吉武純夫訳・解説　　5000円
6　佐藤　昇・木曽明子・吉武純夫・平田松吾・半田勝彦訳　　5200円
7　栗原麻子・吉武純夫・木曽明子訳　　3900円
トゥキュディデス　歴史（全２冊・完結）
1　藤縄謙三訳　　4200円
2　城江良和訳　　4400円
パウサニアス　ギリシア案内記（全５冊）
2　周藤芳幸訳　　3500円
ピロストラトス／エウナピオス　哲学者・ソフィスト列伝　戸塚七郎・金子佳司訳　　3700円
ピロストラトス　テュアナのアポロニオス伝（全２冊）
1　秦　剛平訳　　3700円
ピンダロス　祝勝歌集／断片選　内田次信訳　　4400円
フィロン　フラックスへの反論／ガイウスへの使節　秦　剛平訳　　3200円